MIX
Papier aus verantwortungsvollen Quellen
FSC® C107574
www.fsc.org

1. Auflage 2018

Gesamtherstellung: Wachholtz Verlag
Printed in Europe
ISBN 978-3-529-05019-0

Besuchen Sie uns im Internet:
www.wachholtz-verlag.de
www.stiftungsland.de

Kirsten Böttcher | Sven Bohde | Silvia Janzen | Monika Rößiger

WILDNIS RETTER

Wie die Natur in dein Leben passt

Herausgegeben von der
Stiftung Naturschutz Schleswig-Holstein

WACHHOLTZ
MURMANN PUBLISHERS

INHALT

VORWORT

Es gibt einen Witz, der eine böse Moral hat. Er geht so: Treffen sich im Weltraum zwei Planeten. Sagt der eine zum anderen: »Boa, du siehst aber schlecht aus. Was ist denn mit dir los?« Sagt der andere: »Ich hab homo sapiens.« Sagt der erste: »Ach, nicht so schlimm. Das geht vorüber.« Will sagen, »der Natur« ist am Ende der Mensch egal. Sie braucht ihn nicht. Es gab Natur vor dem Menschen und es wird Natur nach dem Menschen geben. Aber wir brauchen die Natur. Wir brauchen sie als Lebensumfeld und Anschauung, und um uns ihrer Schönheit zu erfreuen. Um immer wieder zu erkennen, dass nicht alles im Leben rechtwinklig, betoniert, verplant ist. Natur ist Freiheit und freies Spiel der Kräfte. Und das Rauschen von Laub im Wald setzt eben voraus, dass es Wald gibt. Oder das Zwitschern von Vögeln am Morgen, dass wir noch Vögel und Insekten haben. Natur ist Lebensgrundlage. Wir brauchen sie als Basis für Lebensmittel, Wasser, Sauerstoff. Wir sind angewiesen auf den Kreislauf des Lebens, auch wenn wir mehr und mehr glauben, uns davon entkoppeln zu können. Und wir haben eine Verantwortung. Die bleibt, auch wenn wir sie nicht wahrnehmen oder die Natur verhunzen und missbrauchen. Das Buch »Wildnisretter« erzählt Geschichten von Menschen, die sich der Verantwortung gestellt haben. Es gibt einfache Tipps, was man relativ schnell und problemlos selbst machen kann, im eigenen Garten, Balkon oder im Verhalten, um Vögeln, Insekten, Igeln zu helfen. Das alles wird als Einladung präsentiert, als Aufforderung, aber ohne oberlehrerhaft oder apokalyptisch daher zu kommen. Zwölf Menschen werden als Wildnisretter porträtiert – Alltagshelden aus dem Norden. Bei ihrer Arbeit wie z. B. Sophie Desaga, die sich um Knicks kümmert, oder Antje Walter und Detlef Kolligs, die Schmetterlinge retten und wieder ansiedeln, Moritz Ott, der Amphibien wie seine eigenen Kinder großzieht und dann in die Welt raus lässt, oder auch Lennart Bendixen, der sich so in seinen Garten verliebt hat, dass er ihn nun verwildern lässt und bisher fast 2000 unterschiedliche Insektenarten gefunden hat. Aber auch Jennifer Timrott, die Vogelliebhaberin und Kämpferin gegen Plastikmüll, oder Claus-Peter Nebendahl, der mit Inbrunst und seinen Menschen aus der Behindertenwerkstatt Insektenhotels baut und Anleitungen gibt, sind dabei. Diese »Wildnisretter« haben eines gemeinsam – sie machen das alles, um unsere Natur zu retten. Wenn wir nur ein bisschen davon lernen, retten wir ein Stückchen auch die Welt. Und helfen mit, dass unser Planet kuriert wird.

Ihr

Dr. Robert Habeck

WILLKOMMEN IN DER NATUR

Ein Vorwort

Es blüht und duftet, es summt und flattert, es zwitschert, ruft und raschelt – das ist Natur, und die meisten Menschen tragen ein Bild davon in sich, oft geprägt durch Kindheitserinnerungen. Natur steht für bunte Blumen am Wegesrand, für schöne Schmetterlinge, für eine diverse Vogelschar. Kurz: für biologische Vielfalt – die ist bedroht. Weltweit sterben Arten aus, nicht erst seit gestern. Mit der Vernichtung ganzer Lebensräume verschwindet manches unbemerkt, noch bevor es entdeckt und wissenschaftlich dokumentiert ist. Auch vor unserer Haustür weisen die Roten Listen seit Langem darauf hin, dass es sowohl für Flora als auch Fauna eng wird. Wie akut das Problem tatsächlich ist, zeigt uns das erst jetzt von der Öffentlichkeit wahrgenommene Insektensterben.

»Ihr seid ja richtige Wildnisretter!« hören die Menschen, die wir in diesem Buch porträtieren, des Öfteren – und darauf können sie stolz sein. Dass es ein wenig Hoffnung für die biologische Vielfalt gibt, verdanken wir diesen Menschen, die sich beruflich oder privat für die Natur engagieren. Zwölf davon, die als Stellvertreter für viele andere gelten können, haben wir hier begleitet. Vier Autoren und Autorinnen haben ihre Geschichten aufgeschrieben. Geschichten, die Sie anregen sollen, selbst ein Stück des Weges mitzugehen. Sie können in ihrem persönlichen Umfeld mehr Natur zulassen und aktiv unterstützen, im Garten oder auf dem Balkon – nicht nur auf dem Land, sondern gerade auch in den Städten. In diesem Buch geben unsere Wildnisretter praxisnahe Anregungen, wie wir wieder die wilde Natur in unser Leben holen können. Wie jeder selbst, wenigstens ein Stück weit, zum Wildnisretter werden kann. Denn Wildnis schafft Leben, erhält Artenvielfalt, tritt dem Klimawandel entgegen und – macht den Menschen glücklich!

Wildnis – was ist das eigentlich? Jeder hat eine ganz eigene Vorstellung. Für die einen müssen Gebiete riesengroß und weitgehend unbesiedelt sein, um als Wildnis zu gelten. Ein Anspruch, den wir hier in Mitteleuropa nicht erfüllen können. Mitteleuropäische Naturschützer sprechen bereits bei Gebieten von über 500 Hektar von Wildnis. Manchen genügen schon zehn Hektar. Wir von der Stiftung sind noch bescheidener und setzen auf »mehr Wildnis« ganz ohne Flächenbegrenzung. Denn »mehr« ist viel mehr als »gar nicht«, und darauf kommt es an. Wir nennen unsere Konzepte »Wilde Weiden«, »Wilde Moore« und »Wilde Wälder«. Bei uns grasen Galloways, die das ökologische Tun des ausgestorbenen Wildrindes simulieren, Konikponys ersetzen die früher verbreiteten Wildpferde. Wir fördern verbliebene Großsäuger wie den Rothirsch. Wir entmächtigen Entwässerungssysteme, um zu schnell abfließendes Wasser zurückzuhalten, »Unkraut«-Vernichtung ist tabu, das Totholz darf in den wilden Wäldern stehen und liegen bleiben. Das erfreuliche Resultat: Lebensgemeinschaften entwickeln sich, die Populationen der wilden Pflanzen und Tiere können wieder wachsen.

Die Stiftung Naturschutz Schleswig-Holstein hat den Auftrag, die biologische Vielfalt, auch Biodiversität genannt, zu bewahren. Zu diesem Zweck bauen wir hier im nördlichsten Bundesland eine grüne Infrastruktur auf. Mit über 35 000 Hektar im Eigentum, das sind ungefähr 2,5 Prozent der schleswig-holsteinischen Landesfläche, sind wir die größte Naturstiftung Deutschlands. In unseren über 300 kleinen und großen Stiftungsgebieten hat die Natur absolute Vorfahrt: Unter totalem Verzicht auf den Einsatz von Giften setzen sich unsere knapp 70 engagierten, motivierten, kompetenten und kreativen Mitarbeiter seit 40 Jahren für mehr Ökologie ein. Ziel der grünen Infrastruktur ist nicht nur die Schaffung von Naturinseln, sondern letztendlich auch deren Vernetzung, damit Tiere und Pflanzen von einer zur anderen wandern und sich ausbreiten können.

Viele Stiftungsgebiete sind mittlerweile beliebte Erlebnisräume, die jeder Bürger erwandern kann. In dem jährlich zwischen Juni und September stattfindenden Naturgenussfestival präsentieren wir die schönsten unserer Ländereien und freuen uns, wenn die Menschen die Natur mit Genuss erleben können.

Lassen Sie sich inspirieren von unseren »Wildnisrettern«, von schönen Geschichten und ganz konkreten Praxistipps. Wir laden Sie ein: Kommen Sie mit auf unsere ExtraTouren ins Stiftungsland oder erleben Sie das Naturgenussfestival live. Wagen Sie Wildnis, Sie werden spüren und staunen, wie glücklich das macht!

Ein besonderer Dank gilt den Menschen, die sich viel Zeit für dieses Buch und die Ideen genommen haben: den Porträtierten, den Autoren, der Projektleitung, den Fotografen und dem Team des Wachholtz Verlages, die dieses Wildnisretter-Buch möglich gemacht haben.

Sandra Redmann
Vorstandsvorsitzende

Dr. Walter Hemmerling
Geschäftsführender Vorstand
Stiftung Naturschutz Schleswig-Holstein

Mit dem nötigen Rüstzeug für die Artenbestimmung inspiziert Philipp Meinecke ein Magerrasen-Habitat. Libellen und Scharfer Hahnenfuß sind charakteristisch dafür.

DIE BUNTEN WILDEN

Von Pillenfarnen, Strandlingen und Blutbären – wie man die Artenvielfalt erkennen, entwickeln und schützen kann.

Angekommen am Bültsee bei Eckernförde schultert der Biologe Philipp Meinecke sein Schmetterlingsnetz, schnallt das Fernglas am Gürtel fest und hängt sich die Bestimmungslupe um den Hals. Wir gehen zu einer blühenden Wiese, direkt neben dem See. Und während er das Gatter öffnet, sagt er: »Wenn wir Glück haben, finden wir auch eine Pechnelke.«

Pechnelke? Nie gehört. Aber ich lass mich gern überraschen; zumal an einem so schönen Tag, mit strahlend blauem Himmel und sommerlichen Temperaturen. Wir stapfen über eine leicht ansteigende Wiese. Rötlich blühender Sauerampfer und gelbe Blüten dominieren das Bild – Scharfer Hahnenfuß und Habichtskraut –, dazwischen leuchten zartblaue Flecken aus Gamander-Ehrenpreis (auch *Veronica* oder Männertreu genannt) oder einzelne Magentablitze, die von der Gemeinen Wicke stammen. Der Sauerampfer reicht uns fast bis zur Wade; auf der Wiese stehen locker verstreut Büsche und Sträucher. Libellen sausen durch die Luft, Schmetterlinge gaukeln von Blüte zu Blüte, ein grünes Heupferd hüpft umher, Bienen und Hummeln summen zufrieden. Ganz schön was los hier!

»IN SCHLESWIG-HOLSTEIN, WIRD MEHR ALS DREI-VIERTEL DER FLÄCHE LAND-WIRTSCHAFTLICH GENUTZT.«

Mit einer routinierten Handbewegung schwingt der Biologe das Netz ein paarmal durch die Luft, als er was gefangen hat, kniet er nieder, um die Beute näher zu betrachten. Dazu zieht er ein Glasröhrchen aus der Tasche, befördert seinen Fang aus dem Netz dort hinein und verschließt es mit einem atmungsaktiven Stopfen. Ein kleiner Falter mit blauer Flügeldecke flattert irritiert im Glas. Ein Bläuling, das erkennt auch der interessierte Laie. Aber welcher? Schon schwieriger …

Der Experte weiß, woran man die Arten unterscheiden kann. Mit dem Finger deutet er auf die schwarzen Punkte an der Flügel-Unterseite, die weiß umrahmt sind, und zeigt dann auf eine entsprechende Abbildung im mitgebrachten Bestimmungsbuch. Anhand des Musters wird klar: Ein Hauhechel-Bläuling. Der Schmetterling erhält seine Freiheit zurück und während wir ihm hinterherblicken, erklärt Philipp Meinecke: »Eigentlich ist der Hauhechel-Bläuling eine Allerweltsart. Früher war er so häufig, dass jedes Kind ihn auf dem Weg zur Schule sehen konnte.«

Heute ist das nicht mehr selbstverständlich. Der Hauhechel-Bläuling braucht nicht-überdüngte Lebensräume mit Blütenpflanzen wie dem Gewöhnlichen Hornklee – für die Eiablage, denn die Raupen werden sich später einmal von den Blättern dieser Pflanze ernähren. Von daher ist der Biologe zufrieden mit der Sichtung dieses Schmetterlings – als typischem Vertreter für ein Trocken- und Magerrasen-Habitat wie dieser Wiese. Wir werden noch mehr Hauhechel-Bläulinge sehen, Weibchen wie Männchen, was ziemlich beruhigend ist. »Wenn wir sie nicht sehen würden«, sagt Meinecke, »wäre das ein Grund zur Sorge.«

Naturschutz und Nutzung passen optimal zusammen

Nun also die Pechnelke. Auch sie ist auf trockene und magere Böden angewiesen. Ihren Namen hat das etwa 30 bis 60 Zentimeter hohe Kraut von der dunklen, klebrigen Beschichtung am Stängel unterhalb der rosigvioletten Blüten. Die dient vermutlich als Schutz vor Blattläusen und Konsorten.

Obwohl die Pechnelke europaweit verbreitet gewesen ist, sind ihre Bestände mit der Intensivierung der Landwirtschaft überall in Europa stark zurückgegangen. Inzwischen ist sie vielerorts selten geworden, wie andere Pflanzen und Tiere mit diesen Bedürfnissen auch. Dabei schließen sich Nutzung und Naturschutz nicht aus. Sogar das Gegenteil kann der Fall sein, wie diese Weide, die Stiftungsland ist. Hier weiden friedlich die Galloway-Rinder eines Biobauern. Das Stiftungsland ist schon seit 1996 an ihn verpachtet – diese Langfristigkeit zahlt sich für die Natur aus! Es kommt auf den Grad der Bewirtschaftung an, und das Schlüsselwort dafür heißt »extensiv«. Während die extensiv gehaltenen Galloways mampfend ihrem Futtertrieb nachgehen, praktizieren sie zugleich Natur- und Artenschutz: Sie erhalten einen Lebensraum, der andernfalls verbuschen und schließlich zum Wald würde – die halboffene Weidelandschaft.

»MIT DER
BIODIVERSITÄT
SCHWINDET
AUCH DIE ARTEN-
KENNTNIS UND
DAS WISSEN ÜBER
BIOLOGISCHE
ZUSAMMENHÄNGE.«

Das Stiftungsland Bültsee – im und am See seltene Pflanzen. Rundherum extensive Beweidung durch Robustrinder.

Dabei handelt es sich um einen Lebensraum, der durch unterschiedliche Gräser, Kräuter, Stauden und Sträucher reich strukturiert und auch für das menschliche Auge reizvoll ist. Wahrscheinlich erinnert er uns unbewusst an unsere Vergangenheit als Jäger und Sammler in der Savanne; auch Parklandschaften ahmen dieses Schema nach. Und weil solche Lebensräume genau genommen erst durch die großen Weidegänger geschaffen wurden, können diese sie auch am besten erhalten, indem sie Baumsämlinge wegfressen.

Dieses idealtypische Stück Land wird von der Genossenschaft »Bunde Wischen« – plattdeutsch für bunte Wiesen – gepachtet, und außer Galloways wirken auf solchen Flächen noch andere historische Rinderrassen an der Weidenpflege mit: das märchenhaft schöne Weiße Parkrind mit seinen ausladend geschwungenen Hörnern (im 13. Jahrhundert in England gezüchtet) oder das bekanntere Schottische Hochlandrind mit dem braunen Zottelfell, dessen Augen oft unter einem üppigen Pony verschwinden. Und mit den Koniks gehören auch kleine Pferde in dieses vierbeinige Artenschützer-Team, die als Rückzüchtung in Richtung Wildpferd gelten. Das unterschiedliche Weideverhalten dieser Nutztiere, die so robust sind, dass sie ganzjährig im Freiland leben können, strukturiert diese Landschaft zusätzlich. Sie erschaffen ein Mosaik an räumlicher Vielfalt, die wiederum eine Triebfeder für Artenvielfalt ist.

Der Biologe zeigt auf ein paar getrocknete Kuhfladen, an denen wir auf dem Weg zum See vorbeikommen; die Löcher darin sind das eigentlich Interessante: Bohrlöcher von Dungkäfern. In der Natur kommt ja bekanntlich nichts weg, und Dungkäfer ernähren sich von Rinder- und

»DER BÜLTSEE GEHÖRT ZU DEN TOP 20 DER NATURSCHUTZGEBIETE IN SCHLESWIG-HOLSTEIN.«

Pferdekot. Vorausgesetzt, die Tiere wurden nicht mit Präparaten wie Antibiotika behandelt. Bei den Galloways von Bunde Wischen ist das in der Regel nicht der Fall, also können die Dungkäfer hier nach Herzenslust ihre Gänge bohren, und die Weibchen im Mist ihre Eier ablegen – wohlwissend, dass es dem Larvennachwuchs später einmal gut gehen wird, ähnlich wie der Made im Speck.

Am Bültsee angekommen, blicken wir auf das klare Wasser. »Für mich gehört er zu den Top 20 der Naturschutzgebiete in Schleswig-Holstein«, schwärmt der Biologe. »Einer der wenigen nährstoff- und kalkarmen Seen. Die sind heutzutage in ganz Deutschland eine Rarität.« Der Bültsee entstand am Ende der letzten Eiszeit und hat weder Zu- noch Abfluss; er speist sich aus dem Grundwasser. In der Uferzone siedeln seltene Pflanzen wie der Europäische Strandling. Sie wachsen nur in sonnendurchfluteten Flachwasserzonen mit dieser Qualität. Der Biologe hockt am Ufer nieder, greift ins Wasser und hebt ein Stück einer unscheinbaren Pflanze hoch: Der vom Aussterben bedrohte Pillenfarn. Ein seltsames Gewächs,

Der Bültsee und Umgebung ist ein Refugium für spezialisierte Arten wie z. B. den Blutbär oder auch Jakobskrautbär (Tyria jacobaeae). Er ist auf alkaloidreiche, d. h. für die meisten anderen Tiere giftige Pflanzen (z. B. das Jakobskreuzkraut) spezialisiert.

das eher wie eine Binse als ein Farn aussieht. Auch wenn Farne überwiegend als Landpflanzen bekannt sind, gehört dieser Vertreter zu einer Familie, die sich an das Leben im nassen Element bzw. an die Übergänge zwischen Land und Wasser angepasst hat.

Artenkenntnis sollte zur Allgemeinbildung gehören

Als wir uns vom Ufer abwenden, um weiter über die Wiese zu gehen, entdecke ich nach wenigen Schritten einen Falter, der mir nicht mal während meines Biologiestudiums untergekommen ist, obwohl er auffallend schwarz-rot gefärbt ist. »Das ist ein Blutbär«, erklärt Philipp Meinecke. »Ein Nachtfalter, der zu den Bärenspinnern gehört.« Auch er ein typischer Vertreter auf Mager- und Trockenrasen. Nun gehe auch ich in die Knie, um den an einem Grashalm sitzenden und offenbar schlafenden Falter näher betrachten zu können. Und mir dämmert: Diese auf den ersten Blick unscheinbare Wiese ist ja eine richtige Schatzkammer!

Man muss sich allerdings auskennen. Aber, wer kennt heute schon viele Arten? Auch nicht jeder Biologe, denn in ihrer Disziplin ist das eine Spezialisierung von vielen anderen. Zu meiner Studienzeit wurden Artenkenner für ihre beharrliche Geduld zwar bewundert, aber auch als »Fliegenbein-Zähler« belächelt. Unbestritten ist jedoch, dass Artenkenntnis zu den wichtigsten Voraussetzungen für den Erhalt der Biodiversität gehört, genau wie die Kenntnis von Lebensräumen (Habitaten) und deren Schutz. Aus diesem Grund engagiert sich Philipp Meinecke neben seiner Arbeit bei der Ausgleichsagentur Schleswig-Holstein GmbH auch privat für eine Verbesserung der Artenkenntnis, indem er Bestimmungsexkur-

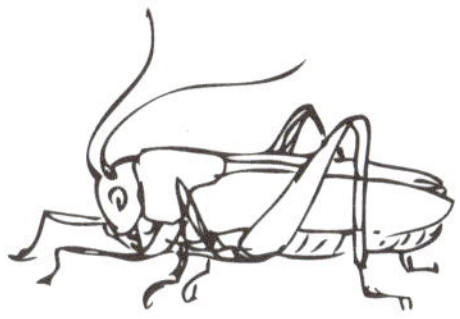

sionen organisiert und Vorträge über dieses Thema hält. Meiner Meinung nach gehört das Thema bereits in die Kita, und es wäre schön, wenn man den Kindern – ihrem Alter entsprechend und spielerisch – bei Ausflügen in die Natur Kenntnisse von Pflanzen und Tieren vermitteln würde. Schulen könnten das im Unterricht fortsetzen. Das Wissen um heimische Arten sollte ebenso zur Allgemeinbildung gehören, wie die Grundlagen von z. B. Literatur, Kunst und Geschichte.

Inzwischen ist es Mittag und richtig heiß geworden. Das gelbblühende Habichtskraut macht Siesta: Es hat seine grau-filzigen Blattunterseiten nach oben gedreht, um sich besser vor Verdunstung zu schützen. (Ganz schön »schlau« für so ein kleines Pflänzchen! Obwohl hier natürlich die Evolution das Großhirn ersetzt.) »Das Habichtskraut leitet uns zum Trockenrasen über«, erklärt der Biologe. »Stark besonnter, warmer und magerer Boden, mit dem nur besonders angepasste Pflanzen klarkommen.« Und die Vegetation ist die Basis für jeden Lebensraum; an einer Pflanze »hängen« im Durchschnitt zehn Insektenarten. Gerade Spezialisten haben es heute schwer, weil ihre Lebensräume zum Beispiel der Überdüngung zum Opfer fallen. »Beinahe jeder Quadratmeter Boden bekommt heutzutage eine Nährstoffdusche aus der Luft – durch Landwirtschaft, Verkehr, Industrie, wie früher nur ein gezielt gedüngter Acker«, sagt Meinecke. Umso wichtiger sei es, die Habitate zu erhalten, wo es noch Spezialisten – im Gegensatz zu Generalisten, die überall klarkommen – gibt.

Heupferde und Libellen fühlen sich auf der Wiese am Bültsee sichtlich wohl.

Daher sucht der Biologe heute die Pechnelke: Er möchte ihr eine Chance zur Wiederansiedlung geben. Was dann positiv für Insekten wäre, für Singvögel, somit indirekt für Greifvögel – um nur einen Strang aus dem engverwobenen Nahrungsnetz zu benennen. Dazu müssen wir die Pechnelke erstmal finden. Gegenüber dem Seeufer säumt ein Knick die Wiese; in so einer Übergangszone hat man gute Chancen, etwas zu entdecken. Deshalb gehen wir dort hin und suchen den Boden ab – bis wir plötzlich vor ihr stehen: *Viscaria vulgaris.* Purpurfarben leuchten die Blüten in der Sonne, jeweils fünf Blütenblätter, gleichmäßig angeordnet, in lockeren Blütentrauben zusammengefasst.

Das ging überraschend schnell. Wie schön! Erst waren es nur wenige Pflänzchen, doch gleich darauf entdecken wir noch ein paar weitere Stellen mit Pechnelken. Das ist eine sehr gute Nachricht für den Biologen, der für die Ausgleichsagentur seit einiger Zeit an Projekten zur Renaturierung mitarbeitet.

»DIE VEGETATION IST DIE BASIS FÜR JEDEN LEBENSRAUM. SIE PASST SICH AN DEN BODEN UND DAS KLIMA AN.«

Die Pechnelke steht für Mager- und Trockenrasen-Habitate, die heutzutage selten geworden sind – genau wie Feuchtlebensräume. Rechts: Das wiedervernässte Stiftungsland Ohlendieksau mit Islandponys als tierische Naturschutzhelfer.

In zwei bis drei Wochen wird er wieder hierher kommen, um Samen zu ernten. Die sollen auf einer anderen Fläche am Bültsee mit vergleichbaren Standortbedingungen angesiedelt werden – als Initialzündung für die Wiederansiedlung der Pechnelke. »Aufzeichnungen aus den 60er Jahren zeigen, dass sie hier früher häufiger war«, erklärt Meinecke. »Wenn man nicht zusehen will, wie solche Pflanzen lokal aussterben, muss man zu solchen rettenden Maßnahmen greifen.«

Wäre die Pechnelke ausgestorben, ginge ihr spezifisches Erbgut unwiderruflich verloren. Dann könnte man sie nur eventuell mit Samen aus einer anderen Region wieder ansiedeln. Um dem vorzubeugen, soll nun dieser »genetisch authentische Transfer« stattfinden. Mit der Biodiversität schwindet die Artenkenntnis und das Wissen über biologische Zusammenhänge generell. Das ist nicht nur ökologisch bedauerlich, sondern kann Geld kosten. Meinecke führt als Beispiel eine Frage aus dem Ratespiel »Wer wird Millionär?« an: »Welches ist die artenreichste Tiergruppe in Deutschland?« Zur Auswahl standen Vögel, Fledermäuse, Amphibien und Wildbienen. Es war die Millionen-Frage; der Kandidat konnte sie nicht beantworten. Hätten Sie es gewusst?

BIODIVERSITÄT ist wertvoll

Bleiben Sie neugierig! Entdecken Sie die Natur – und erhalten Sie die Artenvielfalt. Werden Sie aktiv und selbst zum Wildnisretter!

1 – ENTDECKERTOUREN

Selbst auf Entdecker-Tour gehen, um die eigene Artenkenntnis zu verbessern. Das kann der Ausflug mit der Familie, Freunden und anderen Naturliebhabern sein. Zur Ausstattung gehören z. B. Bestimmungsbücher, entsprechende Apps, Fernglas und ggf. eine Lupe.

Oder man nimmt an öffentlichen Führungen teil, welche Umweltverbände wie der Nabu, BUND etc. veranstalten oder Stiftungen im Bereich des Naturschutzes, z. B. Froschkonzerte der Stiftung Naturschutz Schleswig-Holstein. Außerdem findet man in Vereinen wie der AG Geobotanik Schleswig-Holstein und Hamburg e. V., der Faunistisch-Ökologischen Arbeitsgemeinschaft e. V. (FÖAG) oder der Ornithologischen Arbeitsgemeinschaft Schleswig-Holstein e. V. (OAG) ein Netzwerk von Gleichgesinnten und Experten. Für junge Leute gibt es zum Beispiel den Deutschen Jugendbund für Naturbeobachtung (DJN) oder die Jungen Botaniker und Botanikerinnen Schleswig-Holstein.

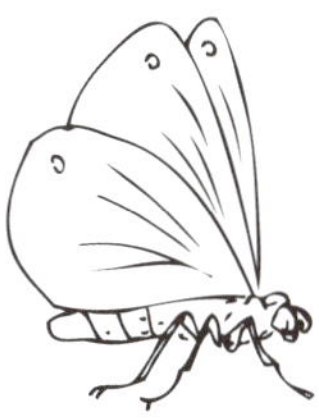

Das Naturgenussfestival Schleswig-Holstein veranstaltet jedes Jahr von Juni bis Ende September über 100 Veranstaltungen mit rund 90 Partnern im ganzen Norden.

2 – BIOHÖFE BESUCHEN

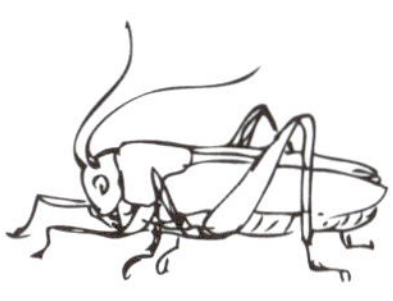

Besuchen Sie einen Biobauernhof in Ihrer Umgebung – oder im Urlaub, falls sich ein solcher in der Nähe Ihres Feriendomizils befindet. Immer mehr dieser Höfe bieten auch Unterkünfte an, dann kann man sich gleich einquartieren. Gerade für Kinder wird das ein Erlebnis. Die meisten Biohöfe sind offen für Besucher und Kommunikation (sofern man die Landwirte nicht an ihrer Arbeit hindert). Viele Biobetriebe haben eine Webseite, auf der man sich vorab über die Art der Landwirtschaft und die Besuchszeiten informieren kann und wo ggf. Termine zu Hof-Führungen stehen. Wenn die Betriebe einen Hofladen haben, ist es noch einfacher mit der Kontaktaufnahme. Z. B. Bunde Wischen e. G., *www.bunde-wischen.de*, in Schleswig-Königswill oder Weidelandschaften e. V., *www.weidelandschaften.de*, oder Highlanderhof Kiene in Behrensdorf, *www.highlanderhof.de*, oder Carstens Highlands, Hamdorf, *www.carstens-highlands.de*

3 – BIOPRODUKTE KAUFEN

Eine zertifizierte Biolandwirtschaft oder ein Demeterhof ist gelebter Artenschutz. Das können Sie durch den Kauf der Produkte unterstützen. Wenn Sie es genauer wissen wollen, informieren Sie sich im Netz über die Richtlinien der unterschiedlichen Biosiegel. Beispielsweise haben Demeter und Bioland strengere Regeln als das EU-Label und ihre Produkte eine andere Qualität, die sich auch im Preis niederschlägt.

Wer in der Großstadt wohnt, findet wahrscheinlich auf dem Wochenmarkt mindestens einen Biostand, wo man direkt vom Produzenten kaufen kann. Auch das ist eine gute Gelegenheit, um Kontakt aufzunehmen und sich nach der Wirtschaftsweise des Hofes zu erkundigen.

4 – SELBST PFLANZEN

Wer einen eigenen Garten oder Balkon hat, kann durch die Wahl der Pflanzen ebenfalls zur Artenvielfalt beitragen. Bevorzugen Sie heimische bzw. regional angepasste Gewächse. Wenn Sie beispielsweise mediterrane Küchenkräuter pflanzen, wie Basilikum, Salbei, Rosmarin, Thymian, dann freuen sich die Insekten und Sie selbst haben auch noch was davon. Das gilt natürlich auch für Petersilie, Salat, Radieschen, Erdbeeren usw. Auf Pestizide im Garten unbedingt verzichten!

Weiterführende Informationen im Netz:

www.ag-geobotanik.de
www.foeag.de
www.oagsh.de
www.naturbeobachtung.de
www.ag-geobotanik.de/junge-botaniker.html

Lennart Bendixen im Eingang zu seinem Paradies im Norden Schleswig-Holsteins.

IM PARADIES

In der Nähe der Ostsee entsteht in einem ganz normalen Garten mit wenig Arbeit und viel Leidenschaft ein großes Glück!

Als ich Lennart Bendixen zum ersten Mal besuchte, war es Winter. Von diesem erstaunlichen Mann hatte ich gehört, dass er einfach seinen Garten, immerhin ein fast 4000 m^2 großes Grundstück mitten in Angeln (Halbinsel im Kreis Schleswig-Flensburg), »kontrolliert« verwildern lässt. Jetzt im Winter kann man dies nur erahnen. Wie erschafft er sich nun sein Paradies? Seine Obstbäume schneidet er, die ganze Fläche wird jährlich gemäht, abgeräumt und somit »abgemagert«, die Knicks werden auf den Stock gesetzt, es werden immer mal wieder neue Strukturen geschaffen, Regiosaat ausgesät und Bäume gepflanzt. Ein Insektenparadies entsteht. Mittlerweile hat er in diesem Paradies unglaubliche, rund 1970! (in diesem Moment, wo Sie das lesen, werden es wahrscheinlich schon über 2000 sein) verschiedene Tiere dort beobachtet, gezählt, fotografiert und auch deren Eigenarten studiert. Das geht sogar so weit, dass er darüber nun spannende populärwissenschaftliche Foto-Vorträge hält wie z. B. »Von jagenden Milben und balzenden Schmetterlingen«. Weiterhin begeistert er an der Europa-Universität Flensburg

»DA WO NICHTS IST, DA IST ANGELN. NOCH LEERER SIEHT ES NUR IN DER MARSCH AUS.«

Studierende von der Natur. Er möchte sein Wissen und vor allem seine Leidenschaft weitergeben. Insekten jeglicher Art und ihre Ökologie sind sein Interessengebiet. Er bestimmt sie anhand der Fotos, die er macht. Dann geht's los: Die Recherche in etlichen Büchern und Bestimmungsschlüsseln am Laptop, oft in Kombination mit der gemessenen Körperlänge oder der Kenntnis der Futterpflanze – das Wohnzimmerregal quillt über vor Spezialliteratur. Er hat mittlerweile ein enormes Fachwissen angesammelt. Neben der Arbeit des Sammelns von Tierarten in seinem Garten ist Lennart hauptberuflich Schlagzeuglehrer und an der Uni Flensburg als Dozent im Naturbereich des Faches Sachunterricht in der Lehrerausbildung tätig.

Er wohnt im Paradies – zumindest laut dem Straßenschild, das zwischen Schlei, Ostsee und A7 mitten auf der Halbinsel Angeln steht. Dass es hier für einen Freizeit-Insektenkundler nicht all zu viel zu sehen gibt, zeigen schon die weißen Flecken in den Verbreitungskarten interessanter Arten: Da wo nichts ist, da ist Angeln. Noch leerer sieht es nur in der Marsch aus.

Wenn man sich normalerweise ein Grundstück kauft, hat man Pläne: einen Apfelbaum pflanzen, die dicksten Kartoffeln im Dorf ziehen, einen Strandkorb mit vorgelagerter Sandkiste – oder eben alle Tiere im Garten finden. Alle Tiere? Eine verrückte Idee. Lennart Bendixen wollte als tierbegeisterter Grundstücksbesitzer wissen, wie viele Tierarten man im eigenen Garten finden kann. Mit seinem damaligen ökologischen Verständnis ließ er sich dennoch nicht vom Vorhaben abbringen, die Hälfte der Fläche mit allerlei Zierpflanzen zuzupflanzen. Immerhin stand von Anfang an fest, dass die andere Hälfte eine einschürige Wiese (also einmal im Jahr wird sie gemäht) bleiben soll.

Die große Attraktion war schnell das Stück Wiese, wo die Pflanzen einfach vor sich hin wachsen – und blühen! – konnten. Hier verbrachte er seine gesamte Freizeit, um eine Tierart nach der anderen auf die immer länger werdende Liste zu setzen. Und von Anfang an nahm ihn das, was zu entdecken war, derart gefangen, dass er kaum noch etwas anderes tun wollte.

Wildnis schaffen braucht Zeit, Geduld und Leidenschaft

Nach der ersten Einarbeitung in die Insektenbestimmung wurde ihm allerdings schnell das Dilemma bewusst: Er müsste zehnmal so viel arbeiten wie ohnehin schon, um genügend Geld für die Bestimmungsliteratur zu verdienen, aber gleichzeitig zehnmal so wenig arbeiten,

Lennarts große Liebe sind die Totholzstämme in seinem Garten. Ein wichtiger Lebensraum für Insekten aller Art.

um genügend Zeit für die zeitaufwändigen Bestimmungen zu haben.

Also wurde alles wegrationalisiert, was irgendwie Zeit oder Geld in Anspruch nahm. Als Lennart Bendixen die dreihunderteinste Art gefunden hatte, war er schon völlig überwältigt. Es musste weiter gehen!

Zur richtigen Zeit am richtigen Ort – ein Parkplatz sollte von Bäumen befreit werden – konnte Lennart eine Menge Holz vor dem Kamin retten und ließ diese in seinen Garten transportieren. Was allerdings ein logistisches Problem mit sich brachte: Er konnte nicht gleichzeitig am Knick lauern, um Pheromone fächernde Skorpionsfliegen

Fressen und gefressen werden – rote Laufmilben auf den Blüten der Färberkamille. Auf der Lauer die hungrige Fliege.

bei der Partnerwerbung zu erwischen, am Teich beobachten, wie ein Kugelspringermännchen von seiner Gattin – an den Fühlern – durch die Gegend getragen wird, die Balz des Kleinen Fuchses verfolgen, um endlich herauszufinden, warum er sich nicht bei der Paarung beobachten lässt, und gleichzeitig noch ergründen, welche parasitischen Insekten welche Wildbienennester in den morschen Baumstubben anfliegen.

Wenn man Lennart in seinem Garten erlebt, spürt man die Freude und ganz viel Neugierde. Er geht nicht einfach auf den Pfaden, er entdeckt an jedem Grashalm ein Tier und erzählt eine Geschichte dazu. Seien es die roten Laufmilben auf den gelben Blüten der Färberkamille, die vor seinem Hause in dicken Büscheln wächst, die mir nur wegen der tollen Farbe auffällt. Für ihn sind es die potenziellen Bestäuber der Pflanze – Balaustium, eine der wenigen Milben, die sich von Pollen ernähren. Jeder Quadratmeter in seinem Garten ist wohl überlegt. Das sieht der Laie nun mal gar nicht auf den ersten Blick.

Wohlüberlegte Lebensräume schaffen

Totholz ist auch nicht gleich Totholz. Unterschiedliche Holzarten ziehen unterschiedliche Insekten an. Einen Unterschied macht es, ob es einfach aufgeschichtet, einfach hingeworfen oder als dicker Zwei-Tonnen-Stamm einer gefällten Eiche 4 m hoch im Garten steht: »Der lag am Ackerrand und sollte als Brennholz verkauft werden – auf sowas hab ich Jahre gewartet! Der Landwirt war froh, damit noch was Gutes zu tun und hat ihn mir zu einem Freundschafts-Preis überlassen.«

Hier tobt das wilde Leben – eine Wildblumenwiese, im besten Falle mit kleinem Teich, ist ein Paradies für Pflanzen und Tiere.

Im hinteren Teil des Gartens, in dem den ganzen Tag die Sonne scheint, hat Lennart sich einen Lagerfeuerplatz gebaut. Dazu hat er Grassoden mit hohem Lehmanteil rundherum aufeinander gestapelt. Das geht nicht von einem Tag auf den anderen, sondern dauert. In diesem Fall ein paar Jahre, weil es immer nur weiterging, wenn neue Soden anfielen. Nun fotografiert er, was sich in dieser Grassodenmauer so einnistet und lebt. Der Lagerfeuerplatz ist ca. 6 m im Durchmesser, rundherum der Wall, ca. 2,5 m hoch. Und es gibt nur einen Eingang, der mit einem Rankeisengitter-Tor gekennzeichnet ist. Die Grassoden sind bewachsen mit allen möglichen Gräsern und Kräutern, es blüht und summt nur so! Aus dem Lagerfeuerplatz ist inzwischen ein buntes Durcheinander an Büschen und Blumen geworden. Heiß ist es hier! »Innerhalb des Walls herrscht ein ziemlich warmes Mikroklima. Lagerfeuer? Nee, da hab ich gar keine Zeit für!«, schmunzelt Lennart als ich ihn frage, wann er denn hier das letzte Mal Stockbrot gegrillt hat.

Um all die Dramen der Natur, die sich in seinem Garten abspielen, zu beobachten, liegt Lennart schon mal stundenlang unbeweglich in der sengenden Hitze mit der Kamera auf der Lauer, lässt sich von einem Insekt anstechen, um den Bluttransfer zu fotografieren oder muss sich schon mal Geruchsschutz und Moskitonetz überwerfen, um die Artenabfolge an Aas zu studieren. Er will die 3000 Arten schaffen. Im eigenen Garten. Sein »Paradies«, das ist sein Garten auf den 4000 m^2 mitten in Angeln. Sie sind sein Paradies und sein Leben. Und für 3000 andere Arten neben ihm auch noch.

WILDNIS im Garten

Was jeder in seinem Garten tun kann, um die Artenvielfalt zu erhöhen:

1 – WACHSEN LASSEN!

Wer seinen Garten und die Artenvielfalt liebt, lässt ihn einfach mal wachsen – wenigstens einen kleinen Bereich. Lassen Sie die Gräser und wilden Kräuter zur Blüte kommen. Im Idealfall mäht man nur ein- bis zweimal im Jahr und hält ansonsten nur die Wege frei.

2 – VIELFALT SCHAFFEN

Wer in seinem Garten viele verschiedene Tiere beobachten möchte, sollte diesen möglichst vielseitig gestalten. Je mehr heimische Pflanzenarten, desto besser – und je mehr unterschiedliche Strukturen ein Garten hat, desto mehr Lebensraumansprüche werden erfüllt. Vieles ist unkomplizierter, als man denkt: Kleine unbewachsene Bereiche zum Beispiel entstehen bei der Gartenarbeit sowieso immer mal wieder – solch offene oder locker bewachsene Bodenstellen werden gerne von bodennistenden Wildbienen und Grabwespen angenommen. Wenn man eine kleine Kuhle aushebt, sodass nach Süden hin eine steile Kante entsteht, und den Aushub dahinter aufschüttet, hat man auf einem Fleck gleich verschiedene Mikroklimata für unterschiedliche Ansprüche – und die entstandene Mini-Steilwand wird gerne von horizontal bauenden Wildbienen für die Nestanlage genutzt. Im östlichen Hügelland hat man dann noch den Vorteil, dass man beim Graben schnell auf Lehm stößt. Vor allem in der Senke, wo es länger feucht bleibt, kann man dann Mauerbienen beobachten, die Lehm ernten, um daraus ihre Brutzellen zu bauen. Ein kleiner Sandhügel reicht schon aus, um die Pioniere unter den Fliegenspießwespen anzulocken. Die fliegen weite Strecken, um neue Nistmöglichkeiten zu ergründen und ziehen gerne in Sandhaufen ein.

3 – TOTHOLZ IM GARTEN

Es gibt keinen Lebensraum im Garten, der Lennart mehr begeistert als Holz. Es begann damit, dass er den Waldeidechsen eine Sonnenbank bauen wollte und daher Teile eines ausgedienten Eichenzauns auf die Südseite des Knicks legte. Er stellte allerdings schnell fest, dass sich Holz im Garten nicht nur zum Beobachten wärmeliebender Reptilien lohnt.

Im Wald liegende Äste und Stämme sind mit der darin befindlichen Fauna an das Ökosystem Wald und das dortige Klima angepasst und sollten daher auch dort bleiben. Sägewerke, Landwirte, Garten-, Landschafts- und Tiefbauunternehmen können gute Quellen sein, um ökonomisch unbedeutendes Holz abzuzweigen – das können Wurzeln sein, morsche Stammteile oder sogar halbe Bäume mitsamt Wurzelteller. Die Möglichkeiten, hölzerne Lebensräume bereitzustellen, sind vielfältig: Reisighaufen, liegende Stämme, gegen die Hauswand gelehnte Äste, gestapeltes Holz. Das seltene Highlight ist mit Sicherheit ein alter, langsam absterbender Baum im Garten – durch die aufrechte Lage haben die holzbewohnenden Tierarten viel länger etwas davon, als wenn man ihn umlegt und er großflächig der Bodenfeuchte ausgesetzt ist. Riesig ist hier vor allem die Vielfalt der Käfer und anderer Insekten, die sich vom Holz, den hier wachsenden Pilzen oder anderen Totholz-Bewohnern ernähren. So legen Wildbienen und andere Insekten hier ihre Nester an, Schmetterlinge, Heuschrecken und Eidechsen nutzen das Holz, um sich aufzuwärmen.

»Je verschiedener die Baumarten, je verschiedener die Zerfallsstadien und je unterschiedlicher der Umfang, desto mehr Leben siedelt sich insgesamt im Garten an.«

4 – BEOBACHTEN UND ABWARTEN

Dann kommt die Begeisterung von selbst. Wer seinen Garten nun völlig umgestaltet hat und darauf wartet, dass um die halben Bäume bunt-schillernde Goldwespen pesen, vom Aussterben bedrohte Schmetterlingsarten durch das hohe Gras flattern und dass man das alles noch im Vorbeigehen sieht – der muss sich in Geduld üben. Wäre ja auch langweilig, wenn alles gleich da wäre.

Von der selbst gebastelten Schaukel an seinem blühenden Apfelbaum kann Paul Trumpf den eigenen Bienen bei der Pollenernte zusehen.

DIE NATUR VERSORGT UNS

Selbstversorgung in der Stadt ist möglich. Ein gutes Beispiel mitten in Kiel – mit Obst und Gemüse, Eiern von eigenen Hühnern und Honig aus eigener Ernte!

Ein gewundener Pfad führt durch üppiges Grün zu Paul Trumpfs Garten und man ahnt gleich: Hier wohnt jemand, der natürlichen Wildwuchs mehr schätzt als abgezirkelte Blumenrabatten. Gelb blühender Frauenmantel flankiert den Pfad, ein »Busch« Bohnenkraut die Hausecke, an der Hauswand stehen mehrere Töpfe mit meterhohen Tomatenpflanzen und davor ein großer Topf (»Maurerbütt«) voller Pflücksalat. Knackiger Eichblatt- und Bataviasalat – zum Reinbeißen! Ein vielstimmiges Vogelgezwitscher empfängt den Besucher. Ich stehe am Eingang des Gartens und weiß erstmal gar nicht, wo ich zuerst hingucken soll. Vor mir ein schilfumwachsener kleiner Teich, an dem Libellen gerne rasten. Darin leben auch Molche und Frösche, erklärt der Gartenbesitzer. Hinter dem Teich ein weinberankter Holzschuppen, daneben ein mehrere Meter langer Unterstand mit aufgeschichtetem Kaminholz. Gegenüber weitere Holzschuppen mit bewachsenen Dächern; das Regenwasser wird in Tonnen aufgefangen. Aus der Nachbarschaft ist das Gackern von Hühnern zu hören.

»IM SOMMER UND HERBST ERNÄHRE ICH MICH VON MEINEM EIGENEN OBST UND GEMÜSE.«

Paul Trumpf nimmt mich mit auf eine Entdeckungstour durch den Garten. Vorbei an einem Apfelbaum, Birnenbaum und Pflaumenbaum geht es durch die Öffnung einer Blutbuchenhecke in den hinteren Teil des rund 1000 Quadratmeter großen Gartens. Als erstes sehen wir eine lange Reihe mit rankenden Erbsen. Die säumen ein Beet mit unterschiedlichen essbaren Pflanzen. »Das ist meine Kohlecke«, erklärt Paul Trumpf, der Agrarbiologie studiert hat und seit etwa drei Jahren im eigenen Garten Obst und Gemüse anbaut. »Wirsing, Blumenkohl, Kohlrabi, Kohlrübe.« Er zeigt auf ein anderes Beet: »Dort hatte ich Feldsalat. In diesem Jahr fiel die Ernte aufgrund des Wetters besonders reichlich aus.« Neben dem Kohl befindet sich das »Wurzelbeet« mit Möhren, Schwarzwurzeln, Petersilienwurzeln. Dazwischen meterhohe, gelb blühende Pastinaken und ein paar Zucchini-Pflanzen, die Blüten und Früchte zugleich tragen. Außerdem Rote Beete, Rhabarber, Knoblauch, Erdbeeren und – am Gartenzaun – jede Menge Beerensträucher: Stachelbeeren, Himbeeren, schwarze, weiße und rote Johannisbeere, Josta- und Brombeere.

Das klingt doch nach einem je nach Jahreszeit reichgedeckten Tisch? Trumpf nickt. »Im Sommer und Herbst ernähre ich mich ausschließlich von meinem eigenen Obst und Gemüse. Nur im Frühling und Winter kaufe ich etwas dazu. Aber ich finde es toll, selbst im Winter etwas Frisches ernten zu können.« Soviel gutes Essen lockt allerdings Mundräuber an. Darum ist jede Kohlpflanze mit einem sogenannten Schneckenkragen gegen die schleimigen Plagegeister geschützt. Außerdem ist das Wurzelbeet mit Draht abgedeckt, damit die Katzen der Umgebung es nicht als Klo missbrauchen. Ärgernisse, die wohl jeder Gärtner kennt. Trumpf klaubt eine Schnecke aus dem Beet und tut sie in ein bereit stehendes Glas. Immerhin kann er die kleineren Exemplare an die Hühner verfüttern.

Hühner sind eine begehrte Beute und brauchen Schutz

Um die zu besuchen, verlassen wir den Garten durch das Hintertürchen und gehen ein paar Schritte auf einem grün überwucherten Weg im Schatten von Bäumen zum Hühnergehege. Das Gackern ist nicht zu überhören. Die Fläche für die Hühner habe er extra dazu gepachtet, sagt Trumpf und erklärt die Besonderheit dieser Siedlung in Kiel-Hammer. Sie wurde in den 1920er Jahren als Gartenstadt geplant, mit großen Grundstücken zum Anbau landwirtschaftlicher Produkte. Die Selbstversorgung hat hier also Tradition, und so ist er nicht der Einzige, der Lebensmittel anbaut und Nutztiere hält. Das hat den Vorteil, dass die Nachbarn sich untereinander mit Rat und Tat helfen, ihre Erfahrungen und Ableger austauschen können oder Gerätschaften wie eine Honigschleuder teilen.

Bei den Hühnern angekommen, öffnet ihr Besitzer das Gatter und sagt: »Letzte Woche war leider der Fuchs hier. Sieben Hühner hat er getötet.« Er wundert sich nur, wie der Räuber es trotz aller Schutzmaßnahmen geschafft hat, ins Gehege einzudringen. Jetzt hat Trumpf noch 17 Hühner, darunter zwei Hähne. Die meisten sind

Brahma-Mischlinge, imposante Tiere, deren gefiederte Beine und Füße ihnen ein exotisches Aussehen verleihen. Brahmas gehören zu den alten Haustierrassen, die ursprünglich aus Asien stammen und schon im 19. Jahrhundert in den USA und Europa als Fleischlieferanten geschätzt wurden. Trumpf holt den Futterbehälter und streut etwas Weizen auf den Boden, Bio-Weizen. Die Hühner stürzen sich darauf, wie etwas später auch auf den Weißklee, den er in einem eigens abgezäunten Beet im Gehege für die Hühner (und Bienen) zieht. Und den mögen sie offenbar besonders gern. Auch sonst haben sie hier alles, was sie brauchen: Sandboden zum Scharren und zum Baden im Sand; beides tun sie mit Wonne. Sie können sich sonnen oder im Schatten von Sträuchern ruhen. Für die Nachtruhe steht ihnen ein Stall mit Stroh zur Verfügung, dort legen sie auch ihre Eier.

Alte Haustierrassen sind oft robuster

Als wir in das Hühnerhaus kurz hineinschauen wollen, schallt uns ein aufgeregtes Gackern entgegen. »Oh, da ist ja jemand«, sagt Trumpf – und schon rast uns ein aufgeregtes, schwarzes Huhn entgegen und zur Tür hinaus. »Das ist ein sogenannter Grünleger«, erklärt er und greift ins Stroh, an die Stelle, wo das Huhn gesessen hat. »Ah, hier ist ja ein Ei.« Er holt es hervor und hält es hoch. Tatsächlich: ein leicht minzgrün schimmerndes Ei! Rund 70 Eier pro Woche legen seine Hühner (vor dem Raubzug des Fuchses waren es 90). Da auch die jetztige Ernte seinen Eigenbedarf weit übersteigt, kann er noch Kollegen mit Eiern versorgen. Neben dem Hühnerhaus steht ein kleines Kükengehege, mit Draht

überdacht, um die Jungen besser vor Räubern zu schützen. Nicht nur von Landraubtieren, auch aus der Luft droht Gefahr: vom Habicht. Den sehen wir zwar gerade nicht, aber dafür andere Greifvögel, die während unserer Gartentour über der Siedlung fliegen: zwei Mäusebussarde, ein Rotmilan, eine Rohrweihe und ein Sperber.

Im Hühnergehege steht auch ein kleines Gewächshaus, in dem Trumpf Gurken zieht – gedüngt mit Hühnermist. Dahinter liegt ein Kartoffelbeet, flankiert von einem Rankgerüst aus Ästen für die Stangenbohnen, darunter Kürbisse. Während Trumpf den Kartoffelanbau eher skeptisch sieht, weil anfällig gegen Pilze und Käfer, ist er von seinen drei Sorten Stangenbohnen – grüne, gelbe und violette – begeistert: Viel Ertrag bei wenig Aufwand. Und zuvor blühen sie hübsch und dienen Insekten als Nahrung, was wiederum Singvögel anlockt. Mit Maispflanzen als Rankhilfe statt den Ästen wäre es eine klassische Mischkultur. Als Leguminosen düngen die Bohnen auf natürliche Weise den Boden, und großblättrige Kürbispflanzen beschatten das Erdreich und schützen es so vor Verdunstung.

DA WEISS MAN, WAS MAN ISST: ESSEN AUS EIGENEM ANBAU MACHT SPASS, IST GESUND UND LECKER!

Die Blütenpflanzen nützen auch seinen eigenen Bienen; drei Völker besitzt Trumpf. Wir gehen in den Garten zurück, wo gegenüber dem Gemüsebeet drei hölzerne Magazinbeuten stehen. Laut summend fliegen die Bienen in ihren Behausungen ein und aus. Am vergangenen Wochenende hat er von einem Volk den Honig geschleudert, 20 Liter; die beiden anderen Völker kommen auch noch dran. Er erntet grundsätzlich nur die Frühjahrstracht, erklärt er. So können die Bienen mit ihrem eigenen Honig-Vorrat den Winter überstehen, ohne dass er Zucker-Lösung zufüttern müsste. Während ich noch gedankenverloren auf das geschäftige Treiben an den Einfluglöchern gucke, verschwindet der Hobby-Imker kurz und kehrt mit einer Holzbank zurück. Die stellt er vor den Beuten ab, wir setzen uns hin und sehen den Bienen eine Weile zu. Das Summen wirkt so herrlich beruhigend!

Jagen ist wie Angeln oder Honig ernten

Dann gehen wir zu einem knorrigen Apfelbaum, in dessen Schatten ein Gartentisch mit Stühlen steht. Der Hausherr serviert selbstgekelterten Apfelsaft, der sehr gut schmeckt. Im Geäst des Baums hängt ein Fell, dessen Haare Vögeln als Baumaterial dienen. »Das stammt von einem Rehbock, den ich vor ein paar Wochen geschossen habe«, erklärt Trumpf, der Mitglied im ökologischen Jagdverband ist. Die Jagd ist Teil seines Konzeptes zu einer weitgehenden Selbstversorgung; er betreibt keine Trophäenhege. »Wer gerne Fleisch isst und Wert auf ein artgerechtes Leben der Tiere legt, sollte Wild nehmen. Es schmeckt gut, ist nachhaltig und wurde einwandfrei erzeugt. Die Tiere leben und sterben in ihrem natürlichen Lebensraum, der Stress langer Schlachthaustransporte bleibt ihnen erspart.«

Die Jagd sei für ihn wie Angeln oder das Ernten von Obst, Gemüse und Kräutern, von Honig und Eiern. Es geht um die Nahrungsmittel, die er mit Hilfe der Natur selbst erzeugt und entsprechend konserviert. Beeren verarbeitet er zu Marmelade, Gurken legt er ein, Erbsen und Bohnen werden tiefgefroren. »Es macht einfach Spaß, ein Essen zuzubereiten, das nur aus eigenen Produkten besteht«, sagt er. »Wildschweinbraten mit grünen Bohnen und Kartoffeln. Gemüseeintopf mit dicken Bohnen und Rehhack. Hühnerfrikassee mit Erbsen und Möhren. Ein gemischter Salat mit Tomaten und Gurken. Birnen- oder Apfelkompott. Selbst hergestellte Konfitüren und Säfte. Hausgemachte Leberwurst aus Rehleber, Wildschwein-Speck und Majoran.« Und noch viel mehr. Der Fantasie sind da keine Grenzen gesetzt.

Werden Sie SELBSTVERSORGER

Sein eigenes Obst und Gemüse anzubauen, ist gar nicht so schwer. Hier ein paar Tipps, die jeder umsetzen kann:

1 – KLEIN ANFANGEN

Fangen Sie lieber klein an, als sich gleich zu Beginn zu übernehmen. Das kann mit ein paar Töpfen oder Blumenkästen auf der Fensterbank oder dem Balkon sein.

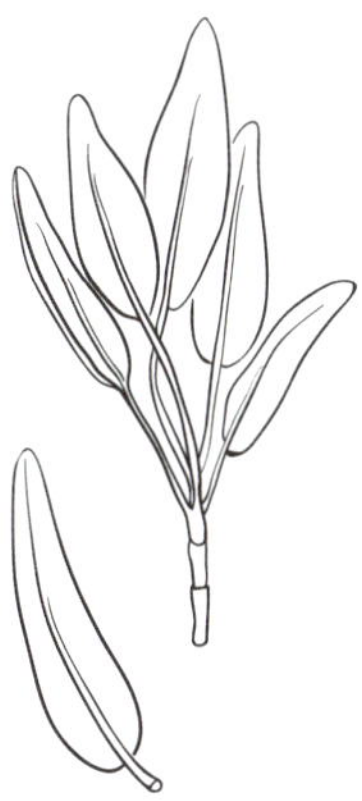

Wer die Investition in Terrakotta-Töpfe scheut: Es müssen nicht immer Tontöpfe sein. Auch alte Kochtöpfe, Suppenschüsseln, Korbwaren etc. können bepflanzt werden oder Gemüsekisten aus Holz, die in Supermärkten als Abfall anfallen. Wichtig ist nur, bei allen Gefäßen dafür zu sorgen, dass sich keine Staunässe bildet, welche die Wurzeln abfaulen lässt. Bei der Maurerbütt kann man per Akkuschrauber ein paar Löcher in den Boden bohren. Bei Gefäßen aus Metall oder Porzellan/Keramik sollte man am Boden für eine Drainageschicht aus Kieselsteinen oder ähnlichem sorgen.

Kräuter wie Basilikum, Salbei, Thymian, Minze oder Majoran lassen sich gut in der Küche verwenden, blühen und duften schön und sind auch bei Insekten beliebt.

Außer mit Küchenkräutern kann man z. B. mit Radieschen beginnen, Rauke und Pflücksalat, Knoblauch. Auch Bohnen, Erbsen, Gurken eignen sich gut für Anfänger. Ebenso Tomaten, Zucchini und Rhabarber. Beerensträucher sind genügsam und brauchen kaum Pflege.

Eigenen Apfelsaft kann man auch von wilden Apfelbäumen erhalten! Unter www.mundraub.org gibt es ein Verzeichnis von wilden Obst- oder Nussbäumen. Die Ernte kann man dann zur Mosterei bringen!

2 – ZERTIFIZIERTES, REGIONALES BIO-SAATGUT VERWENDEN

Es ist empfehlenswert zertifiziertes Bio-Saatgut zu verwenden. Die Pflanzen sind in der Regel robuster und weniger anfällig gegen Schädlinge. Außerdem kann man unter vielfältigen alten Sorten wählen, regional angepasste Varianten, wie der Wilhelmsburger Kohlrübe, deren Erhaltung man dadurch zugleich unterstützt. Wenn Sie gerne Blumen mögen und der Insektenfauna was Gutes tun wollen, säen Sie heimische Wildblumen aus. Wenn Sie mehrjährige Stauden anpflanzen, haben Sie bei weniger Arbeit länger etwas davon – und die Insekten auch. Zu den heimischen Stauden gehören z.B. die Färberkamille, Pfingst-Nelke, Polster-Seifenkraut, Knäuel-Glockenblume oder Diptam (Brennender Busch).

3 – WILDE ECKEN

Lassen Sie eine »wilde Ecke«, wo die Pflanzen ins Kraut schießen dürfen. Es ist interessant zu sehen, wie sich dieser Platz im Laufe der Zeit verändert, z.B. welche Pflanzen neu hinzukommen, während andere verschwinden. So bekommen Sie Einblicke in natürliche Prozesse. Eine Ecke mit Brennnesseln hilft Schmetterlingen, von denen einige auf diese Pflanzen zur Eiablage angewiesen sind. Die Raupen ernähren sich von Brennnesseln. Die Brennnesselsamen können Sie ernten. Sie sind ein wahres Superfood und haben einen hohen Eiweißgehalt. Für Smoothies oder ins Müsli gemixt ein Powerstoff.

Eine wilde Ecke mit einem Haufen Steine, Holz oder Grünschnitt bietet vielen Kleintieren Unterschlupf.

»Keine Pestizide einsetzen. Bioerde kaufen oder zumindest eine Gartenerde, die frei von Torf ist.«

4 – KOMPOST

Organische Küchenabfälle lassen sich geruchlos kompostieren, sofern es sich um rohe, pflanzliche Reste handelt. Außerdem Eierschalen, Kaffeesatz, Teeblätter. Dagegen gehören gekochte Essensreste sowie protein- und fettreiche Abfälle in die Biotonne, sonst fördert man damit unfreiwillig die Vermehrung von Ungeziefer. Das Umweltbundesamt gibt gute Tipps und auf der Homepage kann man eine Kompostfibel kostenlos downloaden.

https://www.umweltbundesamt.de/umwelttipps-fuer-den-alltag/garten-freizeit/kompost-eigenkompostierung#textpart-2

5 – RAT EINHOLEN

Wer die Pflanzen nicht selbst aussäen will, kann auch mit Pflanzen vom Wochenmarkt oder Bioladen beginnen oder eine Bio-Gärtnerei aufsuchen. Fragen Sie, welche Pflanzen man gut kombinieren kann, damit sie sich gegenseitig unterstützen (z. B. gelten Tomaten und Basilikum als »gute Pflanzenpartner«) bzw. welche Kombinationen man meiden sollte (z. B. Gurke und Radieschen).

Das Anlegen von Mischkulturen stärkt die Pflanzen und kann dem Befall durch sogenannte Schadinsekten vorbeugen. Und sollten solche Fraßfeinde doch auftreten, sind in einem gut gemischten Garten meist deren Feinde nicht weit … Ansonsten hilft Absammeln und eine Dusche aus der Sprühflasche mit einer Mischung aus Wasser und grüner Seife. Zur Pfanzenstärkung kann man z. B. auch eine Ackerschachtelhalm-Jauche ansetzen. Althergebrachte Hausmittel helfen besser als Chemie!

Inzwischen werden in vielen Regionen Deutschlands Selbstversorger-Workshops angeboten. Teils von den Volkshochschulen oder Familienbildungsstätten oder auch von Gärtnereien. In Schleswig-Holstein öffnet die Arche Gärtnerei in Eggebek gerne ihre Tore zum Archetag mit vielen Tipps und Anregungen.

Mit Tablet und GPS-Sender ausgerüstet liest Projektmanagerin Sophie Desaga den neuen Zaun hier an der Wellspanger Au in das interne Geoinformationssystem der Stiftung Naturschutz Schleswig-Holstein ein.

KNICKS & CO

Lebensräume für Tiere und Pflanzen – eine alte Kulturtechnik zur Abgrenzung von Nutzflächen hat sich zu einem wichtigen Biotop entwickelt.

»Ein schönes Projekt«, verspricht Sophie Desaga, bevor sie ins Auto steigt. Im Kofferraum die Gummistiefel, denn es könnte nass werden. Heute geht es für die Projektmanagerin der Stiftung Naturschutz Schleswig-Holstein an die Wellspanger Au, eine feuchte Grünlandniederung zehn Kilometer nördlich von Schleswig. Hier hat die Stiftung 2016 über 70 Hektar Land erworben und setzt seitdem biotopgestaltende Maßnahmen um. Sie legt Amphibienteiche an für Moor- und Laubfrösche, weitet Entwässerungsgräben auf, um Blänken (Tümpel) für die Wiesenvögel und seichte Trittübergänge für die Rinder zu schaffen. Außerdem baut sie Drainagen zurück und setzt regulierbare Staue ein, um die Wasserstände besser an die Bewirtschaftung anpassen zu können.

»Eingezäunt haben wir das Gebiet jetzt mit einem Permanentdraht, einem stromführenden Glattdraht, mit weißem Kunststoff ummantelt, damit die Wiesenvögel ihn wahrnehmen und sich nicht verletzen«, erklärt Desaga. Mit Tablet und GPS-Sender läuft sie am neuen Zaun entlang und liest ihn in das interne Geoinformationssystem der Stiftung ein.

Die seltene Haselmaus – mausegroß, mauseflink und dennoch keine Maus, sondern eine Bilchart. Sie ist klein, scheu und nachts im Gestrüpp von Wäldern und Knicks unterwegs.

»IN SCHLESWIG-HOLSTEIN GEHÖREN KNICKS ZU DEN GESETZLICH GESCHÜTZTEN BIOTOPEN.«

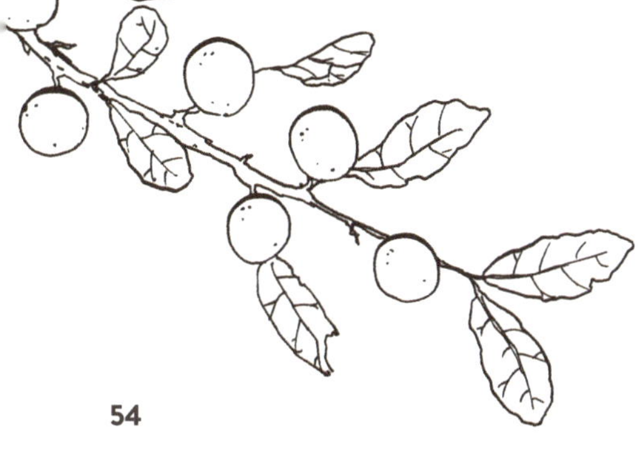

Rund um die Niederung, die die Wellspanger Au durchfließt, erstreckt sich eine typische norddeutsche Knicklandschaft: kleine Feldschläge, die begrenzt sind durch bunte Gehölze. Diese Knicks sind von Zäunen umgeben, damit die Rinder die Knicks nicht durchweiden. Sie könnten den Wall schädigen, die Krautschicht zertreten, die jungen Gehölze kaputt machen. »In Schleswig-Holstein gehören Knicks zu den gesetzlich geschützten Biotopen und prämienrelevanten Landschaftselementen«, so Desaga.

Und was genau ist ein Knick? »Im Idealfall ein bewachsener Erdwall mit Strauchschicht aus heimischen Gehölzen, Krautschicht und den sogenannten Überhältern. Das sind hohe Bäume, die in einem Abstand von etwa 100 Metern stehen und den Knick deutlich überragen«, erläutert Desaga. Mit diesem typischen Aufbau ähneln sie Waldrändern und haben im waldärmsten Bundesland Schleswig-Holstein schon allein deshalb

einen ökologischen Wert. Es handelt sich bei diesen Knicks um hochdiverse Lebensräume, die vielen Pflanzen und Tieren eine Heimat bieten. Allein 100 verschiedene Brombeerunterarten, darunter viele, die nur auf Knicks in Schleswig-Holstein vorkommen, finden sich hier. Knicks bieten Tieren und Pflanzen, die an Waldrand-Habitate angepasst sind, die Möglichkeit, in die Agrarlandschaft einzudringen und sie als Lebensraum zu erobern. Somit leisten Knicks einen wertvollen Beitrag zum Biotopverbund.

Knicks prägen die Kulturlandschaft des Nordens

Die ersten wallartigen Umfriedungen in Deutschland wurden vermutlich bereits in prähistorischer Zeit angelegt und durch die Jahrhunderte immer weiter entwickelt. Sie dienten auch der Abgrenzung von Ländereien, hatten sogar verteidigungs- und kriegspolitische Funktionen oder wurden zur territorialen Grenzsicherung eingesetzt. Sie waren Windfang und Erosionsschutz, lieferten Brennholz, bewährten sich als Zaun, um Vieh von Nachbarfeld oder Wald fernzuhalten.

Knicks prägen die Kulturlandschaft Schleswig-Holsteins, sie befinden sich überwiegend in Geest und Hügelland. Die meisten Wallhecken gab es vor 1880, vor der Einführung des Stacheldrahtzauns. Im Zuge der Flurbereinigung ab Mitte des 20. Jahrhunderts wurden dann große Teile des Knicknetzes beseitigt. Deutschlandweit sind von den einstmals etwa 500 000 km vorhandenen Wallhecken nur noch 90 000 km erhalten. In Schleswig-Holstein reduzierte sich das Netz von 1948 bis heute von knapp 87 000 km auf circa 46 000 km Knicks.

Die Kuckuckslichtnelke blüht von Mai bis Juni und ist eine Charakterart der Feuchtwiese. Sie kommt an der Wellspanger Au vor.

Sophie Desaga ist Expertin für dieses landschaftsprägende Element. Schon in ihrer Masterarbeit hat sich die 1987 in Berlin geborene und aufgewachsene Biologin mit dem Thema befasst. »In Brandenburg haben wir zwar Windschutzhecken, aber keine Knicks mit der regionaltypischen Bedeutung als geschütztes Landschaftselement mit Wall und Bepflanzung und einer jahrhundertelangen Historie. Das fand ich total spannend«, erzählt sie und rät jedem Bahnreisenden, einmal darauf zu achten, wie charakteristisch relativ kleinteilige Feldschläge und Knicks für Schleswig-Holstein sind. Sie machte ein Praktikum in der Unteren Naturschutzbehörde Neumünster und schrieb ihre Master-

Zwei junge Rotfuchswelpen, deren Fuchsbau in der Nähe eines Knicks gelegen ist. Der Fuchs ist das am meisten verbreitete Wildraubtier – er lebt inzwischen sogar in Städten.

arbeit zum Thema »Entwicklung eines Knickschutzprogramms in Tungendorf bei Neumünster«. In der Stiftung Naturschutz betreut sie heute zahlreiche unterschiedliche Projekte, darunter auch einige mit Knicks. Wie hier an der Wellspanger Au. Der Holunder steht kurz vor der Blüte, Brombeeren ranken meterhoch, die Schlehe hat schon im April geblüht, Weißdorn und Haselnuss bestimmen die Strauchebene. »Superdicht ist dieser Knick, vier Meter hoch«, beschreibt Desaga. Und auch bei der Reihe Rotbuchen dort hinten könnte es sich um einen alten, »durchgewachsenen« Knick handeln: »Kraut- und Strauchschicht sind verloren gegangen. Jeder Baum besteht aus mehreren Stämmen mit weit unten ansetzenden Ästen, Indizien dafür, dass man die Buchen einst auf den Stock gesetzt hat.« In einem anderen Knick fungiert die Esche als Überhälter, in der Strauchschicht dominieren Weißdorn, Schlehe, Brombeere und Rose. »Vögel wie Neuntöter, Dorngrasmücke, Goldammer, Rotkehlchen und Buchfink gehen auf Nahrungssuche und brüten hier. Igel ziehen im Schutz der Knicks ihre Jungen groß, Fledermäuse fliegen an den Knicks entlang, um Insekten zu erbeuten. Es gibt Fuchs- und Kaninchenbauten, Greifvögel nutzen den Knick als Ansitzwarte. In anderen Gegenden Schleswig-Holsteins lebt die seltene Haselmaus in den Knicks und ernährt sich von den Früchten, Nüssen und Samen der dicht stehenden Sträucher«, beschreibt Desaga die Fauna. Je bunter die Vielfalt der Gehölze im Knick, desto bunter auch die Zusammensetzung der Insektenschar:

»KNICKS SIND
HOCHDIVERSE
LEBENSRÄUME,
DIE VIELEN
PFLANZEN UND
TIEREN EINE
HEIMAT BIETEN.«

Unersätzliche Bestäuberin für Wildpflanzen – eine Honigbiene am Klee. Auf heimischen Blühpflanzen finden sie außerdem Pollen und Nektar, den sie für ihr Überleben benötigen.

»JE BUNTER DIE VIELFALT DER GEHÖLZE IM KNICK, DESTO BUNTER AUCH DIE ZUSAMMENSETZUNG DER INSEKTENSCHAR.«

Hunderte Arten der kleinen Krabbler und Flieger finden im Knick Heimat und Nahrung. Und auch ein lückiger Knick mit sonnigen Bereichen bietet interessante Lebensräume: »An den nackten Wallhängen halten sich wärmeliebende Insekten wie Wildbienen auf und bauen ihre Niströhren.«

Heute werden Knicks oftmals durch die landwirtschaftliche Nutzung geschädigt: durch fehlenden regelmäßigen Rückschnitt oder großflächigen Kahlschlag, durch die ackerbauliche Nutzung der Saumstreifen und den Eintrag von Düngemitteln und Pestiziden, durch das Anpflügen zur Maximierung der ackerbaulichen Fläche. Der seitliche Beschnitt durch das Schlegeln lässt die Knicks zu schmalen Hecken verkümmern. Desaga: »Intakte Wallhecken aber wirken windbrechend, sie bieten Schutz vor Erosion und verringern wie hier an der Wellspanger Au den Eintrag von Dünger und Pestiziden von intensiv bewirtschafteten Flächen hinein in die Niederung.«

Der Natur Aufmerksamkeit schenken

Sophie Desaga empfindet ihre Arbeit als große Bereicherung: »Ich lerne wahnsinnig viel und gewinne immer mehr Verständnis für unsere Kulturlandschaft, wie und warum sie sich entwickelt hat – und mit welchen Konsequenzen. Ich sehe immer deutlicher, was uns fehlt, und das wirkt sich natürlich auch in meinem Alltagsverhalten aus.« Im Garten ihrer Eltern hat sie für die Insekten sandige, nährstoffarme Bereiche geschaffen und Regiosaat – gebietseigenes Saatgut, das durch Besammlung von Wildpflanzen gewonnen und vermehrt wurde – ausgesät. Auf ihrem Balkon in der Kieler WG zieht sie Bohnen, Tomaten, Salat und Erdbeeren. Es blüht aber auch schlichter Rotklee, Hornkraut und Ruchgras. Schon als Kind hat sie mit ihrem Vater Haselnüsse und Mirabellen gesammelt. »Wir sind gewandert, haben die Natur beobachtet, im Herbst Pilze gesammelt, im Sommer am Strand Muscheln gesucht. Gebastelt haben wir mit Naturmaterialien, Blumen und Gräser gepresst. Meinen Eltern ging es weniger um das Wissen vermitteln als um Aufmerksamkeit für die Natur zu wecken.«

Das prägt, und so freut sie sich über die Entwicklung des Gebietes um die Wellspanger Au: dass die Grünfrösche quaken, zwischen den Gräsern Hahnenfuß, Kuckuckslichtnelke, Sumpfbaldrian und Bachbunge wachsen. Und am feuchten Waldrand die Bachnelkenwurz. Es zwitschert in der Luft, und durch ihr Fernglas sieht sie Schwarzkehlchen und Schafstelze. Bevor es wieder zurück an den Schreibtisch geht, noch ein kurzer Kontrollbesuch am Mirabellenknick: Viele verschiedene Sorten wachsen hier nebeneinander, noch sind die Früchte klein und grün wie Oliven. Sophie Desaga aber gerät jetzt schon ins Schwärmen: »Im Herbst wird es wieder reichlich Ernte geben: große, kleine, orangene und gelbe, süße und saure, mehlige und saftige …«

Die Mirabelle, auch gelbe Zwetschge genannt, ist eine Unterart der Pflaume. Noch sind die Früchte klein, aber im Herbst gibt es im Mirabellenknick eine reiche Ernte.

Tipps für den KNICK IM GARTEN

Ein Knick im Garten sorgt für Pflanzendiversität und lockt Insekten, Vögel und auch kleine Säuger an.

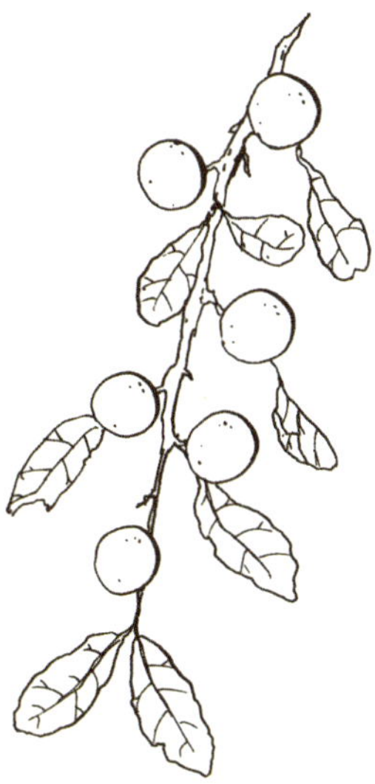

1 – KLEINER GARTEN

Für den kleinen Garten eignet sich ein ebenerdiger zwei bis vier Meter breiter Strauchstreifen mit heimischen Arten wie Europäisches Pfaffenhütchen, Hundsrose, Waldgeißblatt, Rote oder Schwarze Johannisbeere, Gewöhnlicher Schneeball, Schwarzer Holunder, Gemeine Hasel. Der Artenauswahl sind keine Grenzen gesetzt. Hauptsache, es sind heimische Gehölze, denn an diese sind die heimischen Tiere optimal angepasst. Pro Meter befindet sich eine Pflanzreihe, in der die Sträucher im Abstand von 50 Zentimetern und versetzt zu den Pflanzen der angrenzenden Reihe gesetzt werden. Pflanzzeit ist Oktober bis April bei Frostfreiheit, wenn die Energie nicht in die Bildung von Blättern, Knospen und Blüten geht, sondern in die Wurzelbildung.

2 – GROSSER GARTEN

In einem großen Garten mit einer Abschnittslänge ab ca. 100 Metern kann man in Absprache mit dem Nachbarn ein bis zwei Überhälter, zum Beispiel Eichen oder Obstbäume pflanzen. Die Pflanzendiversität erhöht sich in so einem Knick mit Büschen und Bäumen wie Rotbuche, Ein- oder Zweigriffligem Weißdorn, Schlehe, Gewöhnlicher Traubenkirsche. Bei Obst am besten auf alte Sorten aus der Region zurückgreifen.

Bei ganz viel Platz im Garten oder auf der Hauskoppel empfiehlt sich die Anlage eines ein Meter hohen Erdwalls. Die Wallkrone sollte einen Meter breit, der Wallfuß zwei bis drei Meter breit sein. Die Wallkrone mit zwei Strauchreihen wie oben bepflanzen. Das Bodenmaterial kann ggf. durch eine Teichneuanlage gewonnen werden – so wird gleichzeitig noch ein amphibischer Lebensraum geschaffen.

3 — PFLEGE DES KNICKS

Das »Knicken« macht den Knick zum Knick. An den Feldschlägen werden die Gehölze alle 10 bis 15 Jahre auf den Stock gesetzt, das heißt etwa eine Handbreit über dem Wurzelstock schräg abgesägt. Die Pflanzen schlagen neu aus und wachsen sehr dicht mit vielen neuen Ästen weiter. So entsteht eine dichte, etwa vier Meter hohe Hecke. Überhälter werden nicht beschnitten.

Möchte man im Garten nicht auf die Sichtschutzfunktion des Knicks verzichten, empfiehlt es sich, jedes Jahr nur einzelne Sträucher oder kleinere Gehölzabschnitte zurückzuschneiden, sodass der Knick innerhalb von etwa 15 Jahren einmal komplett heruntergenommen wird. Ökologisch sinnvoll ist dabei, mit Strauch-, Baum- und Krautschicht die drei Ebenen des Knicks zu erhalten. Die Krautschicht entwickelt sich von selbst: Je nach Bodenverhältnissen kommen zum Beispiel Johanniskraut, Rainfarn, Buschwindröschen, Sternmiere, Hornkraut und Veronica-Arten.

»Vom einfachen Strauchstreifen bis zur Wallhecke – die Anlage des Knicks ist abhängig von Größe und Lage des Gartens.«

4 – AUF DEM BALKON

Einen richtigen Knick auf dem Balkon anzulegen, ist natürlich nicht möglich. Mit der Anpflanzung von heimischen Knickgehölzen wie Hundsrose oder Waldgeißblatt, auch kleinen Bäumen wie Holunder, Hasel oder Buche in Töpfen lassen sich die Funktionen des Knicks aber in Grenzen imitieren. Desaga: »Lassen Sie sich im Fachhandel gut beraten, was auf welchen Balkon passt. Seine Ausrichtung und die Größe der Pflanzbehälter spielen eine wichtige Rolle.«

5 – ERNTE

Knickgehölze liefern oftmals reiche Ernte: Haselnüsse, Brombeeren, Schlehen, Holunderbeeren, Äpfel, Mirabellen, Birnen, Hagebutten. In Knicks, die an öffentlichen Wegen und nicht in Naturschutzgebieten liegen, darf man für den Eigenbedarf kleine Mengen pflücken: zum Beispiel Holunderblüten für Holunderblütensirup.

6 – REZEPT FÜR HOLUNDERBLÜTENSIRUP

Zutaten: 30 Holunderblüten-Dolden – 2 kg Zucker – 2 l Wasser
50 g Zitronensäure – 1 Bio-Zitrone – Geschirr- oder Passiertuch
Glasflaschen

Die Blütendolden vorsichtig ausschütteln, um kleine Insekten zu entfernen. Die groben Stiele abschneiden, denn sie schmecken bitter. Zucker und Wasser aufkochen, Bio-Zitrone waschen und in Scheiben schneiden. Zitronenscheiben, Zitronensäure und die Holunderblüten in eine große Schüssel geben und mit dem Zuckersirup übergießen. Abkühlen lassen und zugedeckt an einem kühlen Ort drei bis vier Tage ziehen lassen. Durch ein Tuch abseihen, aufkochen und in mit kochendem Wasser ausgespülte Flaschen geben, diese verschließen und abkühlen lassen.

Tipp: Nach dem Aufgießen mit Mineral- oder Leitungswasser noch einen Minzstiel dazugeben oder aus Sirup, Mineralwasser, Minze und Sekt einen leckeren Drink zubereiten.

So sieht moderner Naturschutz aus. Vorsichtig keschert Moritz Ott Laich aus Gewässern im Stiftungsland, um die Amphibien in der nahen Aufzuchtstation groß zu ziehen.

FROSCHKÖNIG

Wildnisrettung durch Arten- und Biotopschutz. Nur so kann Vielfalt gedeihen.

Der Tag von Moritz Ott, Wildtierökologe, beginnt sehr entspannt: Mit einer Tasse Kaffee in der Hand steht er in seiner Amphibien-Aufzuchtstation an einem Wasserbehälter, beugt sich darüber und beobachtet Kaulquappen beim Schwimmen. »Das ist wie Fernsehen, das entschleunigt.« Was hier so locker wirkt, ist lebensnotwendig für hunderte kleiner Tiere und von großer Bedeutung für bedrohte Arten. Moritz Ott schaut, ob es dem Amphibiennachwuchs gut geht. Diese tägliche Kontrolle muss sein, sie ist Teil seiner Arbeit als Maßnahmenmanager der Stiftung Naturschutz Schleswig-Holstein.

»Es ist wichtig, die Entwicklung der Kaulquappen sorgfältig zu beobachten, um notfalls eingreifen zu können«, sagt Moritz Ott. In der Anlage auf dem Gelände des Biolandhofs Carstens in Aukrug stehen 30 Behälter mit insgesamt 3000 Liter Wasser sowie drei große Aufstellpools, worin er im Frühjahr Kaulquappen großzieht. Nachdem er den Laich im April vorsichtig an unterschiedlichen Stellen in Schleswig-Holstein eingesammelt hat, was aus Artenschutzgründen normalerweise strengstens verboten, Moritz Ott aber erlaubt ist, bringt er den Amphibienlaich hierher, um nach

»Die meisten der heimischen Amphibienarten stehen auf der Roten Liste.«

fünf bis acht Wochen die entwickelten Tiere an unterschiedlichen Stellen in der Natur wieder auszusetzen. Auf diese Weise trägt er seinen Teil dazu bei, die Arten zu retten. Denn die meisten der heimischen Amphibienarten stehen auf der »Roten Liste«.

In der Aufzuchtstation zieht Moritz Ott Wechselkröten, Kreuzkröten, Knoblauchkröten und Rotbauchunken auf. Hier schafft er ideale Bedingungen für die Tiere. »Wir arbeiten mit Teichwasser«, sagt er. Denn bei Grundwasser sei unter anderem die Eisenbelastung zu hoch und zu viel Kalk darin enthalten. »Darin würden die Kaulquappen eingehen.« Dieses Teichwasser erzeugt Moritz Ott durch eine Mischung aus Grund- und Moorwasser. »So ergibt sich eine organische Trübung.« Dadurch wird das Algenwachstum gehemmt und die Amphibien wachsen bereits unter natürlichen Bedingungen auf.

»Das Wasser hat angenehme 20 Grad Celsius, denn Amphibien haben eine Vorliebe für warme Gewässer«, erklärt er. Darum mögen sie in der freien Natur vor allem flache Gewässer, die sich schneller erwärmen. Die Wassertemperatur wirkt sich auch auf die Entwicklungsgeschwindigkeit der Kaulquappen aus. Sollte es zu einem Kälteeinbruch kommen, stehen Heizstäbe bereit, die in die Wasserbehälter gehängt werden können. »So kann ich garantieren, dass der Laich gut durchkommt.«

Laichstränge wie beispielsweise die der Wechselkröte mit bis zu 10 000 Eiern wickelt er gefühlvoll um Eichenzweige, die er jeweils einzeln in einen Behälter legt. Eiche eignet sich besonders gut. Denn wenn ein solcher Ast zu gammeln beginnt und sich die enthaltenden Gerbstoffe lösen, wirkt sich dies positiv auf die Wasserqualität aus, die Blätter dienen später als Nahrung für die kleinen Quappen. Wenn die Kaulquappen größer werden, fressen sie außerdem Daphnien, kleine Krebstiere. Praktisch: Die holt er aus der Regentonne des Nachbarn. So einfach kann es manchmal sein. Moritz Ott füttert die kleinen Lebewesen außerdem mit Fischfutter oder auch mal einem Stück Wassermelone oder saftigen Blättern vom Löwenzahn. »Bei der Nahrung experimentiere ich gerne herum«, gibt er lachend zu.

Aufwendiger ist dagegen die tägliche Routine: Neben dem Kontrollblick muss Moritz Ott einmal am Tag einen Wasserwechsel durchführen. Behälter für Behälter kippt er ein wenig Wasser ab und füllt frisches Wasser nach. Dabei hat er ein gutes Gespür für die Wasserqualität.

Moritz Ott wuchs selbst an einem Gewässer auf. Er stammt vom Bodensee. Dort war er mit seinen Eltern viel in den Bergen unterwegs, aber nachdem seine Mutter zum Geburtstag einen Gartenteich geschenkt bekommen hatte, beobachtete er lieber alles, was sich darin tat. »Das war spannend«, erinnert sich Moritz Ott, »mein erster Kontakt mit Amphibien.« Nach einem Bachelorstudium der Landschaftsentwicklung in Osnabrück und seinem Abschluss zum Master in Wildtierökologie und Wildtiermanagement in Wien zog es ihn wieder ans Wasser – auf die Insel Fehmarn. Dort lernte er den Naturschutz kennen. Durch ein Trainee-Programm kam er zur Stiftung Naturschutz Schleswig-Holstein, wo er nun als Maßnahmenmanager u. a. für die Aufzucht der Amphibien verantwortlich ist.

»Auf einmal sind dann nach kurzer Zeit 5000 Kaulquappen in einer Wanne«, sagt Moritz Ott. Dann müsse er immer weiter »vereinzeln«, wie er den Vorgang nennt, bei dem er vorsichtig

Kaulquappen, wie die einer Rotbauchunke, fühlen sich so behütet wohl. Eichenlaub eignet sich als Nahrung.

»ALLE REDEN VOM INSEKTENSTERBEN – ES GIBT AUCH DAS AMPHIBIENSTERBEN. 120 ARTEN SIND BEREITS AUSGESTORBEN.«

Ab an den Strand! In einem Becken legt Moritz Ott eine kleine Sandfläche an, auf der sich die Amphibien sonnen können. Auch die fast fertig metamorphierte Knoblauchkröte wird sich hier weiterentwickeln.

einige der Kaulquappen aus dem Wasser holt und auf weitere Wannen verteilt und bereits einige in diesem Stadium wieder in die freie Natur bringt. Das sei nötig, denn alle Tiere könne er nicht aufziehen, weil eine Kaulquappe genug Platz benötigt, um sich ungestört entwickeln zu können. »Bis zu 100 Stück ziehe ich pro Becken auf, bis sie fette Kaulquappen sind.«

Wenn die Metamorphose beginnt, bilden sich Gliedmaßen. Es kommt zu einem Wechsel von Kiemen- auf Lungenatmung. Dann keschert er alle verbliebenen Amphibien aus den kleinen Behältern und setzt sie in große Aufstellpools. Auch bei den größeren Wasserbehältnissen zeigt sich Moritz Otts Talent zu improvisieren. Denn seiner Meinung nach muss Artenschutz nicht immer kostspielig sein. Als Becken nutzt er keine teuren Aquafarming-Elemente für tausende Euro, sondern simple Planschbecken aus dem Freizeit-Center für 150 Euro. »Die tun es auch«, meint Moritz Ott.

Fressen und gefressen werden – ein ewiger Kreislauf

Zuletzt setzt der Naturschützer die Kröten in einem weiteren Wasserbecken mit eigenem Sandstrand aus. »Hier sollen sie sich fett fressen.« Dafür legt er Pferde- und Rindermist aus, sodass Insekten angelockt werden. Die Kröten schnappen sich dann alles, was vorbeikommt. Fliegen, Mücken, Würmer – was sie kriegen können. Dabei sind sie ziemlich faul, sitzen träge herum. Das hat einen guten Grund: Sie sparen so möglichst viel Energie.

Moritz Ott achtet darauf, dass sich die Amphibien wohlfühlen. »Das kriege ich mit«, meint er. Bei der vielen Zeit, die er mit den Tieren verbringt, entsteht schon eine persönliche Bindung, aber Namen gibt der Naturschützer den Kröten nicht. »Wobei, es gab mal eine Ausnahme: Während meiner Bachelorarbeit entdeckten meine Helfer und ich eine Kröte, die hatte einen ungewöhnlich orangenen Kopf«, erinnert sich

»DER REIHER IST EIN NATÜRLICHER FEIND. ER ISST MIT VORLIEBE DIE LAICHSTRÄNGE.«

Moritz Ott. Er habe sie immer wieder getroffen, selbst zwei Jahre später.

Amphibien haben viele Feinde

Warum Amphibien gefährdet sind, kann Moritz Ott erklären: »Sie leben im Winter versteckt zwischen Laub oder tief eingegraben im lockeren Boden, bis sie bei einem Temperaturanstieg auf mindestens fünf Grad Celsius loswandern, um ihre Laichgewässer zu erreichen. Die Wege dorthin sind aufgrund unseres ausgebauten Straßennetzes und der hohen Verkehrsdichte oft tödlich.« Sollten sie ein Gewässer erreichen, haben die vielen Frösche, Kröten oder Unken es noch lange nicht geschafft. »Dann ist zum Beispiel der Reiher ein natürlicher Feind.« Er und andere Prädatoren fressen mit Vorliebe die Laichstränge. Ein Krötenweibchen der Wechselkröte kann bis zu 10 000 Eier legen, nur ein Bruchteil davon kommt letztendlich durch.

Amphibien wie die Wechselkröte leben seit Millionen Jahren auf der Erde. Immer wieder konnten sie sich an Veränderungen anpassen. Aber in den vergangenen 100 Jahren gerieten sie immer mehr in Gefahr. Höchste Zeit, den Fortschritt zu hinterfragen.

Millionen Jahre überlebt, in kurzer Zeit bedroht

»Alle reden vom Insektensterben – es gibt auch das Amphibiensterben«, mahnt der Wildnisretter. So bedroht etwa auch ein tödlicher Pilz aus Korea die hiesigen Arten. Durch die Globalisierung und einen weltweiten Amphibienhandel hat sich der Pilz namens Batrachochytriumdendrobatidis, kurz Bd, auf der ganzen Welt verbreitet. Er infiziert die Tiere über ihre Haut, löst Läsionen aus und führt in den meisten Fällen zum Tod. Noch ist unklar, ob und wie sich diese Seuche aufhalten lässt. Viele Arten sind bereits durch den Pilz ausgestorben.

Auch die Landwirtschaft macht den Amphibien zu schaffen, denn der intensive Ackerbau führte dazu, dass immer mehr Grünland zu Nutzfläche umgewandelt wurde. Moore und Auen seien größtenteils trockengelegt worden. Amphibienarten, die seit Millionen Jahren auf der Erde leben und sich an viele langsame Veränderungen in der Landschaft anpassen konnten, haben seit der Optimierung der Landwirtschaft innerhalb der vergangenen 100 Jahre kaum noch eine Chance. Dünge- und Spritzmittel vergiften die Tiere, und ihr Lebensraum schrumpfte oder ging an einigen Stellen komplett verloren. Durch den massiven Stickstoffeintrag verwachsen potenzielle Laichgewässer so stark, dass sie an Attraktivität verlieren. Dagegen möchte die Stiftung Naturschutz Schleswig-Holstein angehen. Jedes Jahr legen Mitarbeiter ca. 50 Teiche an – mit Größen von 500 bis 1000 Quadratmetern. Wichtige Rückzugsorte für die bedrohten Tiere.

Allerdings haben es Amphibien heutzutage auch in privaten Wohngebieten schwer. Nicht immer sind sie dort gern gesehen – und vor allem nicht gern gehört. Was früher zur normalen Geräuschkulisse eines Dorfes zählte, ist heute oft Grund für Nachbarschaftsstreit. Was der eine hören mag, empfindet der andere als Störung seiner Nachtruhe. Es gibt Naturfreunde auf der einen Seite, die ihren Garten gerne artenfreund-

Die Froschkonzerte der Stiftung Naturschutz Schleswig-Holstein sind beliebte Konzerte. Ab April bis Juni finden diese überall im Stiftungsland in den Abendstunden statt.

Der Laubfrosch war in Schleswig-Holstein fast ausgestorben. Dank Naturschützern hat er wieder Überlebenschancen.

lich gestalten, und Menschen, die keinen Wert auf Biodiversität legen, auf der anderen Seite des Gartenzauns. Das Quaken hat sogar schon Gerichte beschäftigt – und die urteilten, dass das nächtliche Froschkonzert aus Nachbars Garten selbst bei starker Lärmbelästigung ertragen werden müsse.

Es geht aber um viel mehr, als um Geräuschkulissen: »Wenn wir den Verlust der biologischen Vielfalt in Kauf nehmen, stellt dies zwangsläufig auch eine Bedrohung für die Menschheit dar«, erklärt Moritz Ott. »Alles hängt voneinander ab und wir nutzen täglich ganz selbstverständlich die Dienstleistungen, die uns die Natur bereitstellt.« Nur eine intakte Natur kann uns zukünftig weiterhin Rohstoffe, sauberes Wasser oder Lebensmittel liefern.

Auch wenn er die Gründe für das Verschwinden der Amphibien kennt, ist es ihm dennoch ein Rätsel, warum es so weit kommen konnte. Denn genauso wie ihn als Kind die kleinen Tiere fasziniert hätten, seien sie doch immer noch für Kinder interessant. »Weil man an ihnen die embryonalen Entwicklungsstadien eines Lebewesens so gut nachvollziehen kann.« Man bekommt ein Gefühl für das Leben im Allgemeinen. Das müsse doch alle für den Artenschutz sensibilisieren, meint der Wildnisretter. »So gesehen ist es heftig, dass Amphibien so stark vom Aussterben bedroht sind.« Vermutlich deswegen freut sich Moritz Ott, dass ihn die Nachbarskinder aus dem Dorf oft besuchen und nicht nur zugucken, sondern ihm auch bei seiner Arbeit helfen.

Es besteht übrigens noch Forschungsbedarf. »Man weiß noch nicht viel.« Um herauszubekommen, wo die Amphibien wandern und wo sie sich im Sommer aufhalten, könnte man die Tiere aber in Zukunft mit GPS-Sendern bestücken. Aktuell sind die GPS-Sender noch zu schwer um von den Amphibien getragen werden zu können. »Ansonsten könnten wir viel einfacher erforschen, welche Bedürfnisse Amphibien an ihre Sommerlebensräume stellen.«

Ein kleiner Beitrag, die Welt zu verbessern

Man merkt Moritz Ott die Leidenschaft an, mit der er sich für Amphibien einsetzt. Die Arbeit macht ihm Spaß und er sieht einen großen Sinn darin. »Es ist mein kleiner Beitrag, diese Welt zu verbessern«, sagt er. »Denn wenn das Quaken eines Tages nicht mehr da ist, dann fehlt etwas.« Er hat große Hoffnung, »dass wir mehr Acht

geben auf unsere Umwelt, um die Artenvielfalt zu bewahren.« Für junge Menschen seien Maisfelder schon Natur, kritisiert Moritz Ott. Aber es gebe doch viel mehr. Und das müsse erhalten werden. Jeder müsse sich mehr mit der Natur auseinandersetzen. »Dann sind wir auf einem guten Weg.«

Wenn Moritz Ott die aufgezogenen Kröten und Unken in der Natur aussetzt und seine Arbeit in der Aufzuchtstation erledigt ist, spielen die Tiere auf zur Musik in den großen Gewässern. Als wollten die Amphibien Dank singen, stimmen sie zu einem gemeinsamen Naturschutz-Konzert an. Dieses natürliche Ereignis in den Abendstunden hat sich zu einer touristischen Show entwickelt. In einer Kiesgrube bei Woltersdorf begrüßt die Stiftung Naturschutz regelmäßig bis zu 30 Exkursionsteilnehmer. Auf diese Weise macht er die Menschen auf das Thema Amphibiensterben aufmerksam, wobei den Anwesenden anzumerken ist, dass sie sich ohnehin schon damit beschäftigt haben. Viele von ihnen haben in ihrem Garten einen Teich und

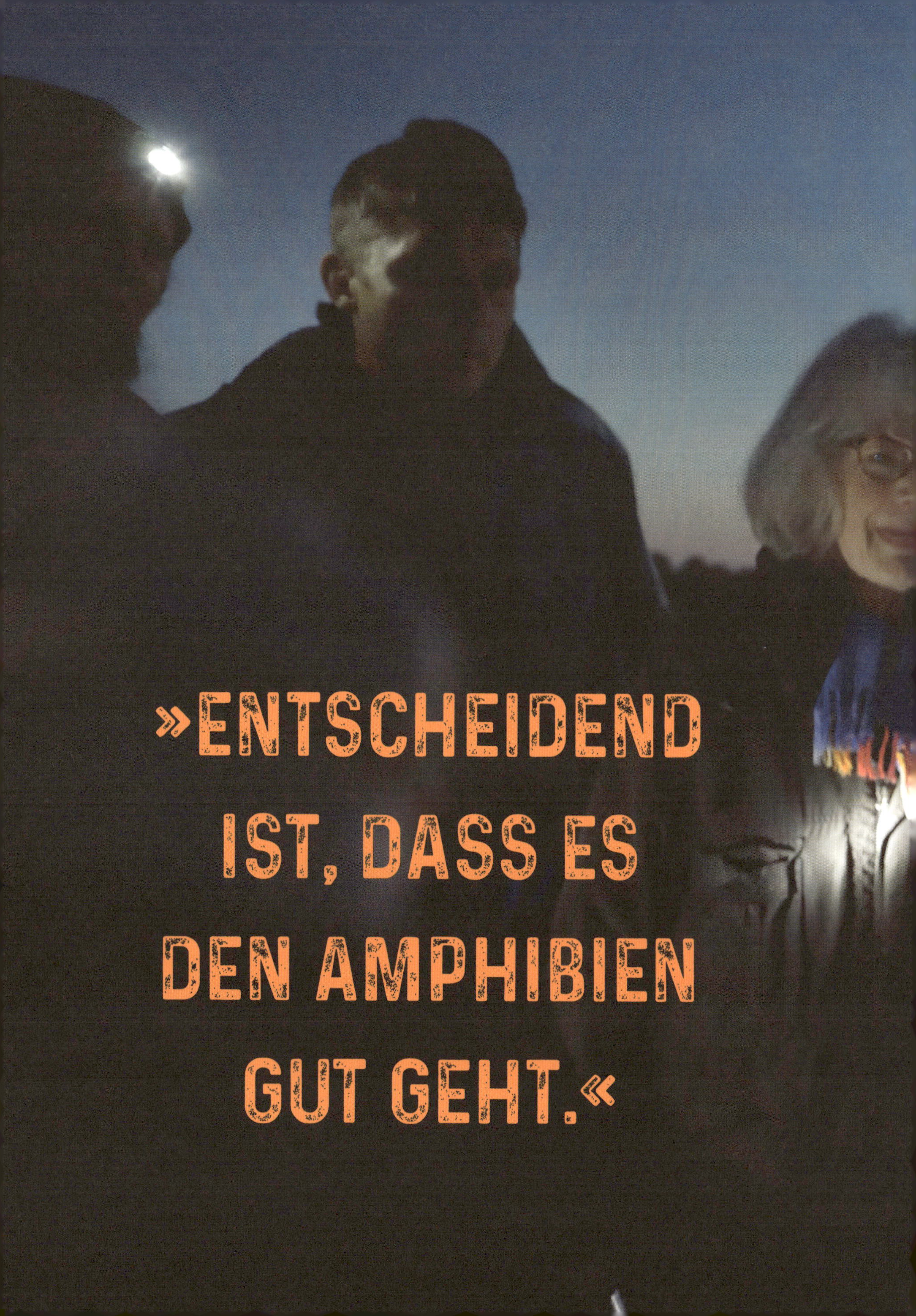
»ENTSCHEIDEND
IST, DASS ES
DEN AMPHIBIEN
GUT GEHT.«

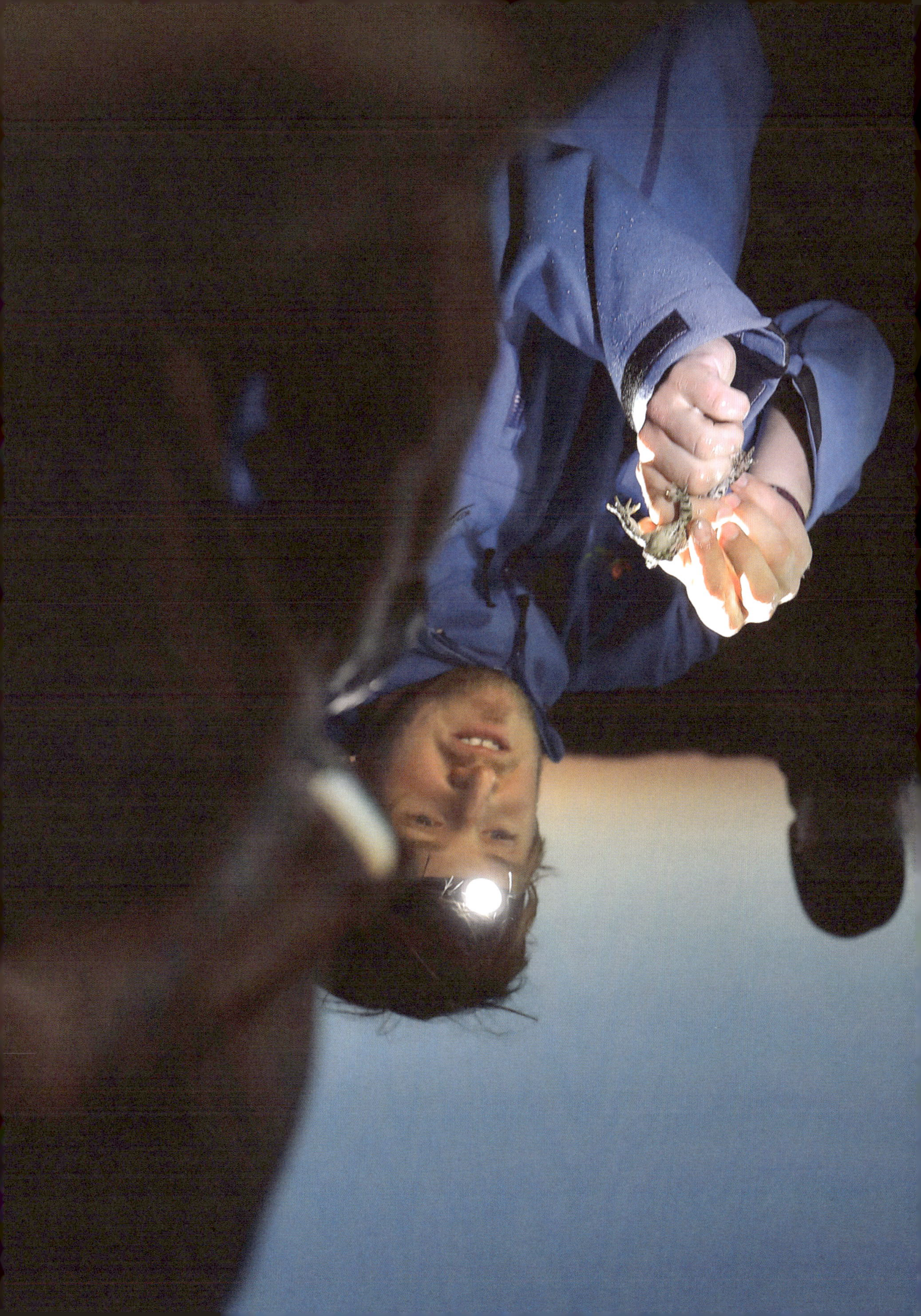

Ausgewachsen und ausgesetzt: Auch diese Wechselkröte beteiligt sich dank der Retter eifrig am Froschkonzert.

möchten sich informieren, wie sie das kleine Gewässer amphibienfreundlich gestalten können. Moritz Ott freut sich über so viel Interesse und gibt gerne Auskunft, während er die Besucher über das Gelände führt.

Die ehemalige Kiesgrube hat ein neues Gesicht bekommen: Auf dem Gelände findet einerseits eine Beweidung durch Naturschutzrinder statt, um ein Zuwachsen zu verhindern. Es gibt freie Flächen und einige kleine Sträucher und Büsche. Andererseits wird mit Baggern hin und wieder die Landschaft passend für Amphibien geformt. »Die Menschen wundern sich oft, was wir da machen«, meint Moritz Ott, aber er könne versichern, dass solche Eingriffe in die Natur dem Artenschutz dienen. »Sonst wächst alles zu und die Kröten hätten nicht die Flächen, die sie brauchen.« Hier haben die Amphibien, den Lebensraum, den sie bevorzugen – aquatisch und terrestrisch, mit Übergangsbereichen. Mal viel Vegetation, mal gar keine Pflanzen. So mögen sie es.

Alle 30 cm sitzt ein Exemplar. Erst sieht man sie nicht, aber wenn sie bei Einbruch der Dunkelheit mit ihrem Balzruf beginnen, kann man sie schnell verorten und aufspüren. Erst beginnt einer zögerlich, irgendwann setzen alle anderen mit ein. Nach kurzer Weile ist es so laut, dass man das eigene Wort kaum versteht.

Das Quaken ist Musik in Moritz Otts Ohren. Als der Wildtierökologe im Jahr 2015 mit seiner Arbeit anfing, zählte er in Woltersdorf fünf Wechselkröten. Aktuell trifft er bei einer Zählung auf 150 dieser Lebewesen. »Dabei empfinde ich die größte Zufriedenheit«, sagt er. Jedes Quaken ist ein wahrer Glücksmoment für einen Wildnisretter wie ihn.

Mit einem Kopflicht ausgerüstet sieht Moritz Ott in der Dunkelheit, wo er zu keschern hat. Er fängt einzelne Amphibien und zeigt sie der Gruppe. Ob er ab und zu eine Kröte wiedertrifft, die er groß gezüchtet hat, ist nicht so wichtig für ihn. Entscheidend ist, dass es den Amphibien gut geht.

Lebensraum für AMPHIBIEN

Im eigenen Garten kann viel gemacht werden, um Amphibien zu unterstützen.

1 – RASENMÄHEN

In der Zeit, in der die Kröten wandern, auf das Mähen verzichten.

2 – WILDWUCHS

An einem Teich Gras und anderen Pflanzen erlauben, wild zu wachsen, denn Amphibien brauchen sowohl einen aquatischen als auch terrestrischen Lebensraum.

3 – VORSICHT FALLE

Vorsicht: Amphibien klettern gerne in Licht- oder Belüftungsschächte. Erhöhen Sie die Schachtumrandung und decken diese mit einem feinmaschigem Gitternetz ab.

4 – SANDHAUFEN

Am Rand eines Teichs kann mit einem Spaten ein kleiner Sandhaufen angeschüttet werden, auf dem sich die Kröten sonnen können.

5 – STEINHAUFEN

Ein Steinhaufen kann als Unterschlupf dienen. Dafür wird ein kleines Erdloch geschaufelt, in das Steine gelegt werden. Der Aushub wird anschließend auf einer Seite verteilt. Auf der anderen Seite bleiben Öffnungen, in die sich Kröten verkriechen können.

6 – GARTENTEICH

Ein Gartenteich sollte zumindest teil- oder zeitweise im Schatten liegen. Der Teich sollte eine flache Uferstruktur haben. Schalen eignen sich nicht gut, da sie zu tief sind. Besser ist Lehm als Material geeignet.

7 – SCHNECKENJÄGER ON TOUR

Einige Amphibien, wie z. B. Kröten, verspeisen gerne Schnecken und ihre Eier. Haben Sie also einen amphibienfreundlichen Teich (möglichst ohne Fische) und eine wilde Ecke zum Verkriechen, helfen die Kröten gerne bei der Schneckenjagd.

Nachhaltiger Erfolg für die Artenvielfalt im Stiftungsland: In der Geltinger Birk ist die Ansiedlung des Goldenen Scheckenfalters gelungen.

ZAUBERHAFT!

Ein ehrgeiziges Projekt holt den Goldenen Scheckenfalter zurück. Aber auch im Garten lässt sich Schmetterlingen mit einfachen Mitteln helfen.

Die Geltinger Birk, gelegen an der Flensburger Außenförde, das sind 700 Hektar Naturschutzgebiet, »eines der größten und erfolgreichsten Naturschutzprojekte in Schleswig-Holstein«, schwärmt Antje Walter von der Stiftung Naturschutz Schleswig-Holstein. Ein Großteil der Fläche ist sogenanntes »Stiftungsland«. Naturnahe Küstenwälder, Lagunen, Steilküsten, Dünen und Salzwiesen – etwa 100 000 Touristen besuchen das Gebiet jährlich. In der Ferne eine Graureiher-Kolonie, auf kahlen Bäumen sitzen Kormorane, Kraniche trompeten. Eine Herde von Konik-Pferden hat sich dekorativ in Zaunnähe versammelt, die Fohlen schlafen in der Mittagshitze. Neben den Pferden sorgen etwa 200 Galloway-Rinder und 50 Ziegen dafür, dass die Flächen offen bleiben, damit sich selten gewordene Pflanzen- und Tierarten ausbreiten können.

Gemeinsam mit ihrem Kollegen, dem Schmetterlingsexperten Dr. Detlef Kolligs, ist Projektleiterin Antje Walter auf dem Weg nach Birk-Nack, dem äußersten Zipfel der Geltinger Birk, der geprägt ist durch Strand, Strandwälle und Senken. Hier liegen die Flächen, die die beiden für

»WIR WOLLEN DEN GOLDENEN SCHECKENFALTER WIEDER ANSIEDELN.«

das von der Europäischen Union geförderte LIFE-Aurinia-Projekt ausgewählt haben, als eines von insgesamt 14 Gebieten in Schleswig-Holstein. Ihr ehrgeiziges Ziel lautet: »Wir wollen den in Schleswig-Holstein ausgestorbenen Goldenen Scheckenfalter wieder ansiedeln«, so Walter, den »Euphydryas aurinia«, kurz »Aurinia«. »Dieser Schmetterling aus der Familie der Edelfalter ist eine so genannte Schirmart«, erklärt Kolligs. Das bedeutet, wenn die Lebensräume so gut sind, dass Aurinia sich halten kann, können auch andere Arten hier wieder leben. In diesem Fall zum Beispiel der nahe Verwandte, der Wegerich-Scheckenfalter. In anderen Gebieten profitieren circa 30 weitere Schmetterlingsarten, zwei Bienenarten, der Teufelsabbiss-Prachtkäfer, die Heidelerche, der Zwergtaucher sowie Brandgänse und Bekassinen von den Maßnahmen.

Aurinia braucht Dünen und Heiden, Feucht- und Magerwiesen – nährstoffarme Lebensräume, die hier im hohen Norden bis in die 1950er Jahre weit verbreitet waren. Zersiedelung, Aufforstung und die Intensivierung der landwirtschaftlichen Nutzung jedoch haben diese Landschaften in der Vergangenheit zurückgedrängt. Heute dezimiert der flächendeckende Einsatz von Düngung die zweikeimblättrigen Blütenpflanzen und damit die Nahrungsgrundlage vieler Schmetterlinge. »Grünland ist heute Grasacker«, erklärt Kolligs, »mit Wiese hat das nichts mehr zu tun.«

Die Kuhlenkoppel als Teil von Birk-Nack war bis in die 1970er Jahre als Weide genutzt worden, dann lange brach liegen gelassen, 2005 folgte extensive Beweidung. Heute stehen im Winter Rinder und Pferde auf den Flächen, im Sommer erledigen die Ziegen den Rest, fressen selbst Birken, Weiden und Brombeeren ab – und das ist gut so. So entsteht Artenvielfalt im Kleinen, die Besenheide wächst, das Kleine Habichtskraut, Blutwurz – und der Teufelsabbiss, die Futterpflanze der Aurinia-Raupen.

Schöne Flatterschläge von Blüte zu Blüte

Die Sonne kommt durch, und wie auf Bestellung sind sie plötzlich da: Schön gezeichnete Goldene Scheckenfalter fliegen von Blüte zu Blüte auf der Suche nach Nektar. Kolligs und Walter sind begeistert. »Die Weibchen erkennt man am dickeren Hinterleib«, erklärt Kolligs mit Blick auf eine »Dame«, die gerade ihre Eier, bis zu 250 Stück, in einem gelben Eispiegel auf die Unterseite eines Blattes des Teufelsabbiss klebt. Nach etwa vier Wochen werden die zunächst winzigen farblosen Raupen hier schlüpfen, dann legen sie ein gemeinsames Gespinst an und fressen. Als schwarze Raupe gemeinsam mit hundert anderen überstehen sie die kalte Jahreszeit in einem Überwinterungsgespinst. Im nächsten Frühjahr vereinzeln sie sich, jetzt brauchen sie neben ihrer Nahrungspflanze vor allem Wärme, um die giftigen Inhaltsstoffe des Teufelsabbiss verdauen zu können. »Deshalb sind

50 Ziegen sorgen neben Konik-Pferden und Galloway-Rindern dafür, dass die Flächen offen bleiben und sich selten gewordene Pflanzen- und Tierarten ausbreiten können.

niedrige oder lückige Pflanzenbestände wie hier in der Birk-Nack überlebenswichtig«, sagt Walter. Ab Ende April erfolgt die Verpuppung, und nach zwei bis drei Wochen schlüpfen die Falter. Erst die Männchen, dann die Weibchen, welche die Eier bereits in sich tragen. Kaum geschlüpft findet schon die Paarung statt und dann die Eiablage. Ein Falter lebt manchmal nur zwei bis drei Tage, die Population fliegt etwa drei Wochen.

»Ein Grund, die Geltinger Birk für die Wiederansiedlung auszuwählen, war für uns die Tatsache, dass es hier noch einen kleinen Wildbestand des Teufelsabbiss gab. Hier haben wir Samen für die Nachzucht gesammelt und ab 2012 dann auch Pflanzen ausgebracht«, erklärt Walter, die jetzt in der Fläche per Tablet und GPS-Sender dokumentiert, wo sich der Teufelsabbiss, der von Ende Juli bis Oktober blüht, etabliert und ausbreitet. »An manchen Standorten, die wir schon aufgegeben hatten, zeigte er sich überraschend doch noch nach drei Jahren. Da denkt man schon, es war alles für die Katz, und dann wird man positiv überrascht.« Wichtig ist der Blick aufs Ganze: »Ob es sich entwickelt wie gewünscht. Die Küstendynamik, die die Landschaft früher vor Verbuschung schützte, gibt es nicht mehr. Um Arten zu erhalten, müssen wir hier managen. Für die Dokumentation zählen wir Falter und Gespinste, wir halten fest, wie es um die Futterpflanze für die Raupen und die Nektarpflanzen für die Schmetterlinge steht, ob das Beweidungsmanagement stimmt.«

200 Falter zählen sie an diesem Tag Ende Mai bei der Begehung in der Birk-Nack, fünf Jahre nach Projektbeginn. Insgesamt hat die Wiederansiedlung schon in fünf der Projektgebiete geklappt. Ein toller Erfolg, wenn man bedenkt,

Antje Walter und Detlef Kolligs – Beruf(ung): Wildnisretter und -bewahrer

»MAN DARF DIE ART NUR DORT ANSIEDELN, WO SIE FRÜHER VORGEKOMMEN IST.«

wie alles angefangen hat. Die Auflagen für eine Wiederansiedlung sind streng: Man darf die Art nur dort ansiedeln, wo sie früher vorgekommen ist, die eingesetzten Tiere müssen den ausgestorbenen genetisch ähnlich sein, man darf die Spenderpopulation in ihrem Bestand nicht gefährden. Ein original schleswig-holsteinisches Aurinia-Falterbein pro Sammlungstier genügte den Wissenschaftlern als Referenz. Die norddänische Aurinia-Population stellte sich als genetisch am nächsten verwandt heraus. Kolligs erzählt weiter: »2013 war es dann so weit: 300 Raupen des europaweit geschützten Schmetterlings gaben die dänischen Kollegen her.« Und die gingen in die Zucht in einem Gewächshaus in Kolligs Privatgarten. Dort war alles vorbereitet: Aus Wildbestandssamen hatten Gärtnereien den Teufelsabbiss für die Raupen vorgezogen, und unter fachkundiger Betreuung wurden aus den 300 Raupen tatsächlich 300 Schmetterlinge. In der freien Natur schaffen es nur etwa fünf Prozent der Raupen zum ausgewachsenen Falter. »Schon 2014 konnten wir einen Teil der Raupen aus der Folgegeneration in den ausgewählten Gebieten aussetzen«, so Kolligs.

Das Aussterben von Schmetterlingen wie dem Goldenen Scheckenfalter ist leider kein Einzelfall. 70 Prozent der Tagfalter Schleswig-Holsteins stehen laut Kolligs auf der Roten Liste – der Große Eisvogel, der Baldrian-Scheckenfalter, Eschen-Scheckenfalter, der Hochmoor-Bläuling, um nur einige zu nennen, sind hier im Norden bereits verschwunden.

Schmetterlingsretter in Freilandhaltung

Es gibt nur noch etwa zehn Arten, die man überall findet, denn die Agrarlandschaft hat sich in den vergangenen 20 Jahren praktisch zur schmetterlingsfreien Zone entwickelt. Von den Nachtfaltern sind 55 Prozent gefährdet. Kolligs, Jahrgang 1967, interessierte sich bereits als Kind für Schmetterlinge. »Meine Eltern waren Präparatoren, mein Vater 35 Jahre lang im Zoologischen Museum in Kiel tätig. Ich bin mit naturwissenschaftlichen Sammlungen groß geworden.« Er studierte Biologie, in Diplom- und Doktorarbeit ging es selbstverständlich um Schmetterlinge. Er war an diversen Forschungsprojekten beteiligt, fertigt Schmetterlings- und naturschutzfachliche Gutachten an, arbeitet für Planungsbüros, Naturschutzvereine, seit 2011 mit dem LIFE-Aurinia-Projekt auch für die Stiftung Naturschutz. Er erstellt die Rote Liste Schleswig-Holstein für die Schmetterlinge. Sein privates Steckenpferd: die Naturfotografie. Als Artenkenner fotografiert er nicht nur Schmetterlinge, sondern auch alles andere, was ihm am Wegesrand vor die Linse kommt, »denn nur mit Bildern kann man die Menschen von der Schönheit der Natur überzeugen«, ist sich Kolligs sicher.

Antje Walter, Jahrgang 1974, kommt aus einer Ingenieursfamilie, »und das hat mich geprägt: Mich reizt, Lösungen zu finden.« Schon als Jugendliche hat sie sich für die Natur interessiert, ein Freiwilliges Ökologisches Jahr beim Nabu in Schleswig-Holstein absolviert. Statt Biologie studierte sie lieber Landespflege wegen der praktischen

Die artenreiche Graudünenlandschaft vor dem Deich in der Birk-Nack. Im Hintergrund sieht man den Leuchtturm Kalkgrund.

Anwendung, wählte ganz gezielt eine Fachhochschule statt einer Uni. »Mich treibt an, dass ich sehe, wie ich Gebiete positiv entwickeln kann.«

Jetzt in den Tagen, an denen Aurinia fliegt, sind beide Schmetterlingsretter viel draußen »in Freilandhaltung«, scherzt Kolligs, »neben Aurinia erfassen wir auch alle anderen seltenen Schmetterlingsarten, wie den Wegerich-Scheckenfalter, der sich in Birk-Nack neben Aurinia etabliert.« Ansonsten kümmern sich die beiden um die Bauleitung in den Projektgebieten: Aussaaten und Pflanzungen, Gehölzmanagement, Zäune. Sie leiten Extratouren und angefragte Führungen, leisten Kommunikationsarbeit, pflegen die Datenbestände und schreiben die Berichte für die EU. »Manchmal kommt es einer Büroehe nahe, denn wir müssen viel abstimmen, treffen viele Entscheidungen gemeinsam«, sagt Walter. Auch mit unerwarteten Nackenschlägen in den Gebieten müssen sie umgehen: Wenn der frisch gepflanzte Teufelsabbiss durch Wildschweine, Gänse oder Schnecken dezimiert werde. Und nicht überall stoße ihr Einsatz für den Goldenen Scheckenfalter in der Bevölkerung auf Gegenliebe. Wie 2012 im nordfriesischen Lütjenholm: Auf die Renaturierung von 18 Hektar Binnendünen gab es Gegenwind in der Region, kritische Nachfragen aus ganz Schleswig-Holstein bis hin zu Häme in einer Sendung von Mario Barth. Heute haben sich die Fronten beruhigt und Aurinia fliegt auch in Lütjenholm. Besonders freuen sich Walter und Kolligs über die tolle Zusammenarbeit mit Menschen, »die unsere Ziele unterstützen und mitdenken, dann haben wir die größten Erfolge.«

Erste Hilfe für SCHMETTERLINGE

Tipps für eine bunte Artenvielfalt und Schmetterlinge – auch für den kleinen Garten oder Balkon geeignet.

1 – STRUKTURVIELFALT

Bieten Sie unterschiedliche Lebensräume an: Staudenbeete, Kräuterbeete, eine Hecke mit Blütensträuchern, dabei lieber heimische Arten wie Schlehe oder Weißdorn statt Rhododendron pflanzen. Weil Schmetterlinge es gern warm haben, mögen sie auch Kiesbeete, Blumenwiesen oder offene Bodenstellen, die sich im Sommer aufheizen.

2 – BLÜTENANGEBOT

Gut ist ein reichhaltiges Blütenangebot, damit sich die Schmetterlinge mit Nektar versorgen können. Verwenden Sie möglichst heimische Wildblumen wie Thymian, Oregano, Minze und Wasserdost. Wer auf »Exoten« nicht verzichten möchte, sollte unbedingt auf ungefüllte Sorten zurückgreifen. Von Frühjahr bis Herbst sollte im Garten immer etwas blühen.

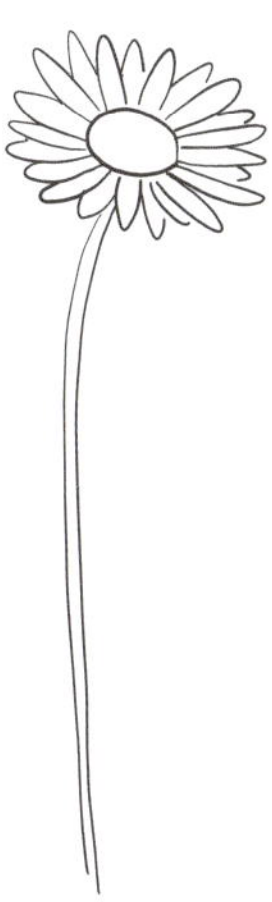

3 – NAHRUNGSPFLANZEN DER RAUPEN

Um die Schmetterlinge dauerhaft anzusiedeln, muss auch die Nahrungspflanze der Raupe vorhanden sein: So brauchen die Raupen des Aurorafalters Knoblauchsrauke, die des Zitronenfalters Faulbaum oder Kreuzdorn, die Raupen von Großem und Kleinem Kohlweißling fressen an Kapuzinerkresse. Tagpfauenauge und Kleiner Fuchs benötigen besonnte Brennnesseln. Sobald diese Falter fliegen, sollten Sie die Brennnesseln unbedingt mähen, weil sich ihre Raupen nur an frisch austreibenden Pflanzen entwickeln. Mit Dill, Fenchel und Möhre lockt man den Schwalbenschwanz in seinen Garten.

4 – WILDE WIESE

Verabschieden Sie sich vom englischen Rasen, verzichten Sie auf Dünger, akzeptieren Sie Ferkelkraut, Gänseblümchen und Hornklee im Rasen, oder wandeln Sie ihn zumindest teilweise in eine Wiese um. Dort blühen dann Schaumkraut, Margeriten und Skabiosen.

Grundsätzlich sollte man eine Wiese mähen, um Verbuschung zu vermeiden. Aber nicht zu häufig, sondern höchstens dreimal im Jahr. Dabei sollten Sie – um das Überleben der Insekten zu sichern – immer einen Teil der Wiese stehen lassen, auch im Herbst.

Verzichten Sie auf den Einsatz des Mäh-Roboters: Er hinterlässt eine Wüste. Und verzichten Sie auf den Einsatz von Pestiziden und Insektiziden und ganz allgemein, zum Schutz der klimarelevanten Moore, auch auf den Einsatz von Torf.

»Mit den hier beschriebenen Maßnahmen können Sie zahlreichen Schmetterlingsarten, darunter etwa 15 Tagfalterarten helfen. Seltene Arten erreicht man damit aber nicht, denn sie sind als Habitat-Spezialisten auf große Naturschutzgebiete angewiesen.«

Weitere Informationen finden Sie natürlich auch im Internet, etwa unter *www.nabu.de*

Oder für eine Spende z. B. *https://www.stiftungsland.de/ihr-engagement/fuer-spender/fuer-ein-projekt-spenden/hilfe-fuer-schmetterlinge-und-bienen/*

22
16
12
13

David Hohmann bei der Inspektion seiner Bienenkästen. Auch wenn man die Bienenhaltung als Hobby betreibt, sollte man den Zeitaufwand nicht unterschätzen.

LET IT BEE!

Bienen für alle – Bienen sind wichtig für die Natur und uns Menschen. Es gibt gerade in der Stadt immer mehr Hobby-Imker. Aber ist das so einfach?

»Die sind ganz lieb«, sagt David Hohmann und lüftet den Deckel seiner Bienenbehausung (Beute), die in luftiger Höhe im Glockenturm der Hamburger Michaeliskirche steht. Der Blick von dort über die Dächer der Hansestadt, auf Elbe samt Philharmonie, Trockendock und Hafenanlagen ist fantastisch. Trotzdem halte ich mich etwas im Hintergrund und bin froh, unter einem Imker-Schleier zu stecken. »Das ist ein ganz liebes Volk«, versichert Hohmann und bläst zur Ablenkung etwas Rauch aus seinem »Smoker«, ein Metallgefäß mit glimmenden Holzspänen, bevor er vorsichtig ein Wabenrähmchen aus dem Kasten (Zarge) zieht. Darauf wimmelt es nur so von schwarzgestreifen Insektenleibern.

»Und das hier ist die Königin«, sagt Hohmann, dreht sich zu mir um und hält mir die Bienenwabe mit der krabbelnden Masse hin. Unwillkürlich trete ich einen Schritt zurück. Mit dem Finger zeigt er auf das Heer der Honigbienen. Nun doch neugierig beuge ich den Kopf etwas vor und blicke durch das weiße Gaze-Netz. Tatsächlich: Ein deutlich längeres Tier inmitten emsiger Arbei-

»AM LIEBSTEN STEUERN DIE BIENEN IN DER STADT DIREKT EINEN BLUMEN-LADEN AN.«

terinnen, zudem durch eine Markierung auf dem Rücken gekennzeichnet. Der Stadtimker mustert seine Schützlinge, den Zustand der Waben, murmelt »sieht alles gut aus« und schiebt das Rähmchen in den Kasten zurück. Auf diese Weise inspiziert er alle Waben seiner Beuten, die er seit knapp einem Jahr auf dem »Michel«, dem Ur-Hamburger Wahrzeichen, stehen hat – mit kirchlichem Segen.

Aus der Höhe von 65 Metern fliegen seine »Mitarbeiterinnen«, wie Hohmann die Bienen nennt, los und sammeln im Zentrum der zweitgrößten Stadt Deutschlands, was sie an Nektar und Pollen finden können. »Im Sommer von den Linden« – Hohmann zeigt auf eine Baumgruppe nahe der Hauptkirche –, »aber auch Robinien, Kastanien, Ahorn, Obstbäume oder Klee. Was sie halt finden.« Lächelnd fügt er hinzu: »Am liebsten steuern sie ja direkt einen Blumenladen an.«

Tiere von interkontinentalem Interesse

Honigbienen in der Stadt sind zwar weit verbreitet, aber doch immer noch für Überraschungen gut. Seit einigen Jahren stellen immer mehr Imker ihre Kästen in den Städten der Welt auf: London, Paris, New York, Hongkong, Berlin, Basel oder eben Hamburg – um nur einige zu nennen. Längst handelt es sich um eine interkontinentale Bewegung, ausgelöst durch das dramatische Bienensterben und verstärkt durch den aufrüttelnden Film »More than honey«. Angesichts der jüngst veröffentlichten Studien über den massiven Rückgang von Insekten insgesamt im ländlichen Raum ist das Thema auch weiterhin aktuell. Die Stadt entwickelt sich immer mehr zum Refugium für Flora und Fauna, während die durch die industrielle Landwirtschaft geprägten Flächen ökologisch verarmen – aller Landlust-Romantik des stressgeplagten Großtstädters zum Trotz.

Für Honigbienen bieten selbst große Metropolen Vorteile: Die Temperaturen liegen meist um ein paar Grad höher als im Umland; dadurch können die Insekten früher ausfliegen, sowohl was die Jahreszeit angeht, als auch die Tageszeit. Und sie kehren später in den Stock zurück, wieder auf den Tag und auf die Jahreszeit bezogen. Insgesamt können sie dadurch in der Stadt also eine längere Zeitspanne zum Sammeln nutzen, was sie produktiver macht. Ein Stadtimker erntet meist größere Mengen Honig als viele seiner Kollegen auf dem Land. Dort ist zwar im Frühjahr mit der Raps- und Obstbaumblüte der Tisch noch reich gedeckt, aber anschließend wird es mau. »Für Honigbienen und spezialisierte Wildbienen fehlen vor allem im Spätsommer Nahrungsquellen«, erklärt der Deutsche Imkerbund e. V. (D.I.B.) anlässlich einer gemeinsamen Fachtagung von Imkern und Landwirten. »Dies ist jedoch die wichtigste Zeit für ein Bienenvolk, um mit gesunden, widerstandsfähigen Bienen den kommenden Winter zu überstehen.« Seit den

»FÜR
HONIGBIENEN UND
SPEZIALISIERTE
WILDBIENEN
FEHLEN VOR ALLEM
IM SPÄTSOMMER
NAHRUNGSQUELLEN.«

Zwei Exemplare des Hühnerhofs mitten in Hamburg-Ottensen. Der verwöhnte Gockel lässt sich gern von David Hohmann auf den Arm nehmen.

1950er Jahren sei der Bestand an Bienenvölkern in (West-)Deutschland um 63 Prozent zurückgegangen, besonders im ländlichen Raum, wo durch die »intensive monotone Landwirtschaft« die Vielfalt an nektar- und pollenspendenden Pflanzen abgenommen hat.

In der Stadt dagegen geht es der Honigbiene auch deshalb so gut, weil das Nahrungsangebot grundsätzlich üppiger und vielfältiger ist – durch Parks, Gärten, bunt blühende Balkonkästen und Dachterrassen, Straßenbäume, Grün-Dächer und berankte Fassaden. Zudem werden in der Stadt kaum Pestizide eingesetzt. Vor flächendeckendem Einnebeln mit Giftwolken wie in der agrochemischen Landwirtschaft üblich sind Insekten und andere Tiere in der Stadt sicher. »In der Stadt gibt es ja fast schon zuviele Honigbienen«, bemerkt David Hohmann kritisch. »Und auf dem Land zu wenig. Die Imker vom Land kommen auch hierher, weil ihre Bienen dort nicht genug Blütennahrung finden. Das ist das eigentlich Besorgniserregende.«

David Hohmann ist von Beruf Bühnenbildner. In die Imkerei sei er »so reingerutscht«, wie er selbst seine Anfänge mit den Bienen beschreibt. Als Ehrenamtlicher kümmerte er sich schon vor Jahren mit anderen um den kleinen Hühnerhof der »Motte«, einem Stadtteil- und Kulturzentrum in Hamburg-Ottensen. Dort hielt ein Hobbyimker seit vielen Jahren seine Bienen. Von ihm lernte Hohmann nach und nach alles Wichtige im Umgang mit den so faszinierenden staatenbildenden Insekten. Außerdem belegte er Imkerkurse. Und schließlich übernahm Hohmann von seinem Mentor einen Teil der Bienen. Damals war der Bühnenbildner bereits Vater von zwei kleinen Kindern. Inzwischen ist noch ein drittes Kind hinzugekommen, und Hohmann versorgt

»DIE ENTSCHEIDENDE FRAGE IST, OB SIE AUSSCHWÄRMEN, UM EIN NEUES VOLK ZU GRÜNDEN ODER NICHT.«

acht Bienenvölker an zwei Standorten. Als ich ihn treffe, hat er zuvor seine beiden Erstgeborenen zur Schule bzw. in die Kita gebracht, dann kommen die Bienen auf dem Michel in der Hamburger Neustadt dran, als nächstes die Motte-Bienen im Stadtteil Ottensen und schließlich die Arbeit als freier Kreativer im Atelier, bis er die Kinder wieder abholt. Trotz des durchgetakteten Zeitplans scheint Hohmann die Gelassenheit in Person zu sein. Während wir mit der S-Bahn von einem Bienenstandort zum anderen fahren, berichtet er, wie sich die Haltung seiner Nutztiere im Jahresverlauf gestaltet: Zur Zeit, im Mai und Juni, guckt er einmal die Woche nach seinen Bienen; die entscheidende Frage ist, ob sie ausschwärmen, um ein neues Volk zu gründen oder nicht. Ansonsten braucht er sich nur einmal im Monat zu kümmern. Meist wird es aber doch mehr. Der Hobby-Imker gibt zu bedenken, dass man den Zeitaufwand nicht unterschätzen sollte.

Süßer Lohn zwischen hohen Häusern und Hochbeeten

Zumindest der Lohn der Arbeit ist süß: Zweimal im Jahr erntet er Honig – Anfang Juni die Frühtracht und ungefähr Mitte Juli die Spättracht. Anschließend werden die Bienen bei Bedarf mit Ameisensäure gegen die Varroamilbe behandelt, im Winter noch mal mit Oxalsäure (bei beiden Substanzen handelt es sich um natürliche Stoffe). Als wir vor dem Hühnerhof im dichtbesiedelten Szene-Viertel Ottensen stehen, kommt als erstes der Hahn herbeigelaufen. Hohmann öffnet die Maschendraht-Tür, wir treten ein; er nimmt den Gockel auf den Arm, als wäre er eine Hauskatze und streichelt das rotbraune Gefieder des handzahmen Vogels. Weitere Hühner picken am Boden oder scharren am Rand eines kleinen Tümpels im Erdreich; den Luftraum dagegen beherrschen die Bienen. Summend schwirren sie umher; die drei Apfelbäume des Terrains stehen in voller Blüte. Die Magazinbeuten der Bienen stehen zwischen Hühnerstall und Geräteschuppen. Hohmann guckt auch hier die Wabenrähmchen durch und erzählt, dass einige der Hühner gelernt hätten, Drohnen von Arbeiterinnen zu unterscheiden. Erstere verspeisen sie auch, wohingegen sie sich an die stachelbewehrten Exemplare nicht herantrauen.

Es ist schon verblüffend, dieses kleine Stück »Bauernhof« umgeben von mehrstöckigen Häusern mit Sozialwohnungen zu sehen. Die Eier der Hühner werden in einem Holzautomaten zum Verkauf angeboten. (Die Hühner gehören verschiedenen, auch alten Haustierrassen an, und einige legen sogar grüne Eier.) Gegenüber ist ein Spielplatz, und die Kinder dürfen unter Aufsicht auch in den Hühnerhof hinein. Neben dem Hof hat die Gartengruppe der Motte Hochbeete mit Obst, Gemüse und Kräutern angelegt. Dieses Ensemble ist somit zum gegenseitigen Nutzen von allem: Die Blüten der Pflanzen dienen Bienen und anderen Insekten als Nahrung, das lockt wiederum Singvögel an. Die Insekten bestäuben

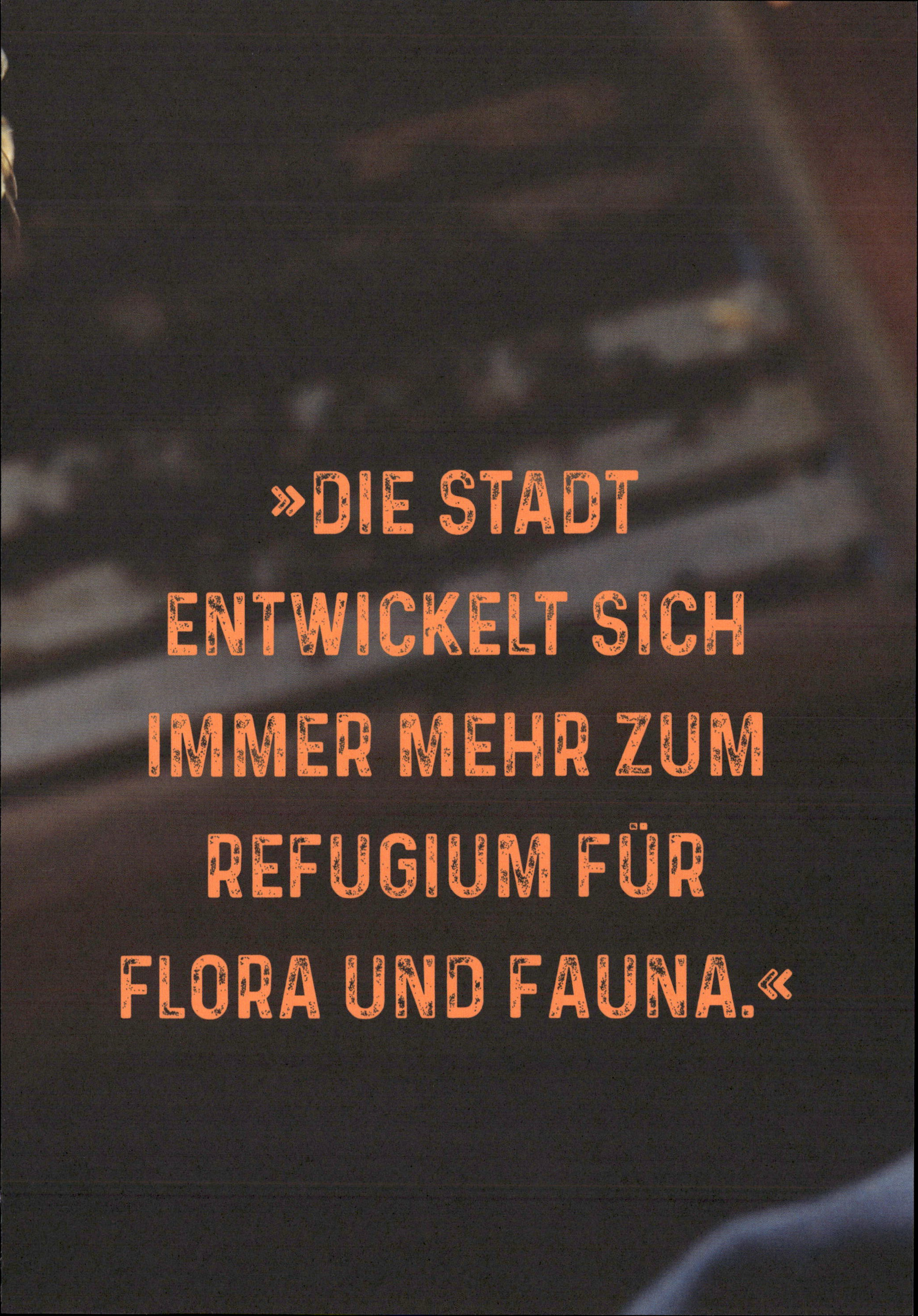
»DIE STADT
ENTWICKELT SICH
IMMER MEHR ZUM
REFUGIUM FÜR
FLORA UND FAUNA.«

Rähmchen für Rähmchen kontrolliert der Hobby-Imker regelmäßig den Gesundheitszustand seiner Bienen, und im Frühsommer, ob sie sich zum Ausschwärmen vorbereiten.

die Kulturpflanzen, was die Grundlage für eine reiche Ernte ist – an Obst, Gemüse und Honig. Die Hühner verwerten die Drohnen und halten zugleich potenzielle Bienenparasiten in Schach. Stadtkinder (wie Erwachsene) lernen Pflanzen und Tiere aus eigener Anschauung kennen sowie deren Pflege. Da macht der Biologieunterricht gleich doppelt soviel Spaß. Und nicht zuletzt findet sich ja vielleicht auf diese Weise spielerisch der Nachwuchs an Naturschützern.

Im Juni schleudert Hohmann mit anderen Hobby-Imkern im Motte-Hort den Honig. Ein herrlich sonniger Tag und so etwas wie ein Familienfest, denn auch die anderen haben kleine Kinder. Darunter zwei Babys, die bei Bedarf im Schatten eines Kirschbaums gestillt werden. Die Imker und ihre Familienangehörigen helfen sich gegenseitig beim Schleudern und vorher beim Entfernen der Wachsdeckelchen von den vollgefüllten Honigwaben. Was wie Abschaben aussieht, geschieht mit einer speziellen »Entdeckelungsgabel« und ist ein bisschen zeitaufwendig – aber auch »sehr meditativ«, wie die Helfer mit leicht ironischem Unterton versichern. Außerdem kann man sich dabei prima unterhalten. Am Ende erntet Hohmann rund 90 Kilo Honig und ist zufrieden. Zumal er seinen Bienen noch genug Honig für den Eigenbedarf gelassen hat. Und was machen die Michel-Bienen im Herbst und Winter, wenn kaum noch Pflanzen blühen? Der Hobby-Imker lächelt. »Dann fliegen sie z. B. auf den Dom« – in Hamburg bedeutet das Kirmes oder Jahrmarkt – »und naschen von der Zuckerwatte, den gebrannten Mandeln und anderen Süßigkeiten.«

MOTTE

Gut für BIENEN

Was Sie tun können, um Bienen – der Honigbiene und ihren wilden Verwandten – zu helfen:

1 – KAUF VON BIOPRODUKTEN

Vielleicht sollte man sich als erstes bewusst machen, dass die Honigbiene (*Apis mellifera*) nicht vom Aussterben bedroht ist, wohl aber in Deutschland mehr als die Hälfte der über 500 Arten von Wildbienen in ihrem Bestand gefährdet sind. Das liegt vor allem an der Zerstörung der Biodiversität durch Zersiedelung der Lebensräume, Überdüngung von Magerstandorten sowie dem Einsatz von Insektiziden in der intensiven Landwirtschaft. Biolandwirte dagegen sorgen für Artenvielfalt, z. B. indem sie Hecken pflanzen, Blühstreifen anlegen, die Fruchtfolge auf dem Acker variieren, Brachen lassen, die Bodenfauna pflegen und grundsätzlich keine chemisch-synthetischen Pestizide einsetzen. Diese Arbeit kann man durch den Kauf von hochwertig zertifizierten Bioprodukten unterstützen und tut damit zugleich etwas Gutes für Bienen & Co.

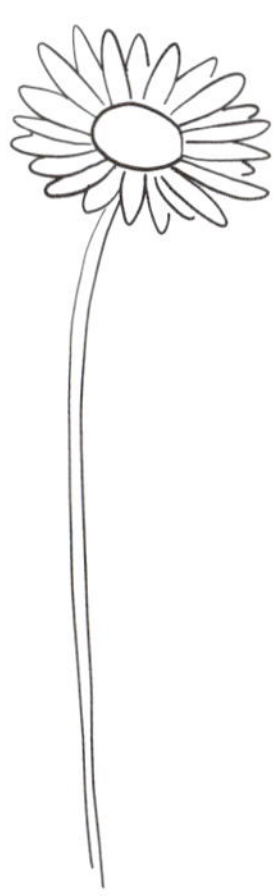

2 – FUNDIERTE AUSBILDUNG

Nicht jeder kann selbst Honigbienen halten, und das muss auch nicht sein. Der Imkerverband Hamburg e. V. warnt sogar davor, denn Bienenhaltung sei – entgegen anderslautender Versprechungen aus dem Internet – nicht einfach. Gut gemeintes Engagement allein könne das Wissen um die komplexe Biologie der Tiere nicht ersetzen: Honigbienen sind domestizierte Nutztiere und benötigen einen gut geschulten Imker, der Parasiten, Krankheiten, Hungersnöte oder einen aufkommenden Schwarmtrieb frühzeitig erkennt und entsprechend behandelt. Viele Bienenvölker verhungern aus Unwissenheit des Bienenhalters oder erliegen den Folgekrankheiten der Varroamilbe.

Imkern ist traditionelles Handwerk und ein Lehrberuf. Nachwuchs wird dringend gesucht, vor allem auf dem Land. Wer also gern mit Honigbienen arbeiten möchte, hat die Möglichkeit, dies entweder professionell zu lernen oder sich zumindest in Seminaren der Imkerverbände zum Hobbyimker schulen zu lassen. Der Deutsche Imkerbund e. V. hat eine sehr informative Webseite, auf der auch alle angeschlossenen Landesverbände samt Webseite verzeichnet sind: *www.deutscherimkerbund.de*

3 – BAU EINER BIENENKISTE

Etwas weniger streng sieht das offenbar Mellifera e. V., der 1986 gegründete Verein für »wesensgemäße Bienenhaltung«, *www.mellifera.de*, mit ökologisch-anthroposophischer Ausrichtung. Er hat u. a. eine Initiative zum Bau einer Bienenkiste gestartet. Die soll Menschen auch mit wenig Aufwand und Kenntnissen die Haltung von Bienen ermöglichen und sie für den Eigenbedarf etwas Honig ernten lassen. Auf der Homepage *www.bienenkiste.de* gibt es eine genaue Bauanleitung samt Videos; und die Betreuung der Bienen im Jahresverlauf wird beschrieben. Trotzdem wird auch hier vorab gemahnt: »Man muss sich um jedes Leben kümmern, für das man Verantwortung übernommen hat. Das ist bei Bienen nicht anders als bei Hunden oder Kaninchen.« Vor allem das Erkennen und Behandeln von Krankheiten sei wichtig, nicht nur im eigenen Interesse, sondern auch, um die Bienen anderer (Hobby-)Imker vor einer Ausbreitung von Seuchen zu schützen. Mellifera bietet ebenfalls Kurse zur Bienenhaltung an.

»Man muss sich um jedes Leben kümmern, für das man Verantwortung übernommen hat. Das ist bei Bienen nicht anders als bei Hunden oder Kaninchen.«

Man muss nicht gleich zum (Hobby-)Imker werden!
Jeder kann den Berufsstand, die Honigbienen – vor allem die Wildbienen – bei der lebenswichtigen Arbeit unterstützen.

4 – EIGENE PFLANZUNGEN

- Das gilt ebenso für Wildbienen, Hummeln, Schmetterlinge und andere blüten-besuchende Insekten, für die man ebenfalls eine Menge tun kann, egal, ob in der Stadt oder auf dem Land. Eine reiche Blütenpracht im Garten, auf dem Balkon, selbst auf der Fensterbank bietet Insekten Nahrung. Das können Küchenkräuter im Blumenkasten sein, ein Apfelbäumchen im Kübel auf der Terrasse, eine Brombeere oder Himbeere in einem Pflanzgefäß, der Rosenstrauch im Beet oder die Weinrebe an der Hauswand.
- In Balkonkästen sollte man auf Blumen wie Geranien oder Petunien verzichten, weil deren Blüten für Bienen kaum Nektar oder Pollen bieten. Stattdessen gibt es viele andere schöne Pflanzen, die Mensch und Biene gleichermaßen erfreuen und nützen können.
- Für sonnige Balkone eignen sich z. B. die in der Küche beliebten Kräuter Salbei, Minze, Thymian, Bohnenkraut oder Majoran. Ihre Blüten ziehen Bienen und andere Insekten magisch an. Sie werden es am Summen hören!
- Wer lieber Blumen pflanzen möchte, kann Honig- und Wildbienen mit Mädchenaugen und Goldzweizahn (Goldmarie) locken. Weniger Arbeit macht die Anpflanzung mehrjähriger Stauden, damit kann man den Insekten auch langfristig was Gutes tun. Heimische Wildstauden sind beispielsweise die Färberkamille, Pfingst-Nelke, Polster-Seifenkraut, Knäuel-Glockenblume oder Diptam (Brennender Busch).
- Für Balkone mit wenig Sonne eignen sich z. B. die Nachtviole, die Große Sternmiere oder das Zimbelkraut. Alle drei sind Stauden.
- Ganz wichtig: Keine Pestizide verwenden!

Ein Projekt der Stiftung Naturschutz Schleswig-Holstein ist das Blütenmeer 2020. Regionale Artenvielfalt und -erhalt. U. a. werden hier auch Regiosaaten angeboten und viele Tipps gegeben.

https://www.stiftungsland.de/was-wir-tun/vielfaltschuetzer/bluetenmeer-2020-wir-heben-den-bluetenschatz/

5 – SPENDE ODER PATENSCHAFT

Wer keine Zeit, Gelegenheit oder Lust für eigene Pflanzungen hat, kann die Stiftung Naturschutz Schleswig-Holstein unterstützen. So werden z. B. wilde Orchideenwiesen angelegt oder ganze ehemalige Panzerübungsplätze in Blütenwiesen umgewandelt.

https://www.bluetenmeer2020.de

Ein Hamburger Startup, Beesharing, vermittelt Bienenpatenschaften für Privatpersonen oder Unternehmen. Interessante Idee.

https://www.beesharing.eu/de/

6 – KOSTENLOSE BIENEN-APP

Das Bundesministerium für Ernährung und Landwirtschaft bietet eine kostenlose Bienen-App, die mehr als 130 bienenfreundliche Pflanzen verzeichnet. So kann man unter verschiedenen Merkmalen wie Blütenfarbe, Blühzeit oder Standort wählen; außerdem gibt es Hintergrundwissen über Honigbienen, Wildbienen und Wespen. Zusätzlich klärt die App über das Thema »Imker werden« auf, egal, ob als Beruf oder Hobby, und beschreibt die rechtlichen Grundlagen, die dabei beachtet werden müssen. Beispielsweise müssen sich alle Bienenhalter beim Veterinärsamt registrieren lassen.

https://www.bmel.de/DE/Tier/Nutztierhaltung/Bienen/bienen_node.html

»Nicht die Honigbiene ist vom Aussterben bedroht, sondern mehr als die Hälfte der über 500 Arten von Wildbienen in Deutschland ist in ihrem Bestand gefährdet.«

Der klare Blick über den Deich bei jedem Wetter – Jennifer Timrott aus Sankt Peter-Ording.

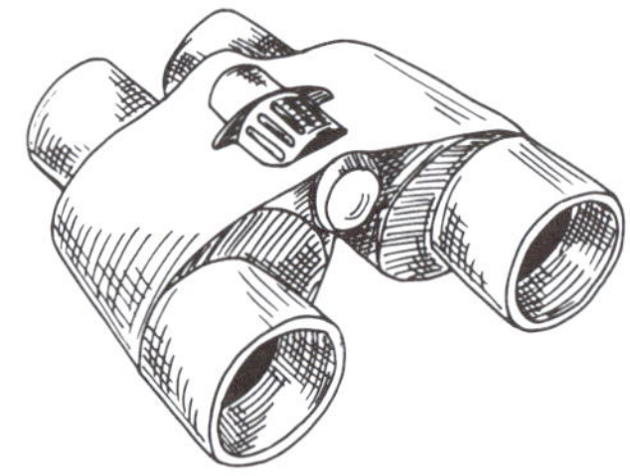

BLICK ÜBER DEN DEICH

Heimische Vogelarten retten, Zugvögel beobachten und Kampf gegen Plastikmüll – Jenniffer Timrott handelt.

Es gibt Alltagshelden, die nicht groß auffallen, aber in ihrer Umwelt sehr viel bewirken. Meist findet man sie in Gegenden, die gar nicht vermuten lassen, dass hier Großes keimt. Jennifer Timrott gehört für mich zu diesen Helden des Alltags. Sie hat, gemeinsam mit ihrem Mann Frank, die Großstadt hinter sich gelassen und einen gut bezahlten, durchaus zukunftsträchtigen Job an den Nagel gehängt, um die Natur, die Vögel und alles, was so in ihrer Nähe kriecht und fliegt, zu retten. Ihr Weg führte sie von Hannover nach Husum, weiter auf die Hallig Hooge, nach Friedrichstadt und nun haben die beiden Timrotts ihre Heimat in Sankt Peter-Ording gefunden.

Ihr Wille, ihre Leidenschaft und die Liebe zum Meer und zur Natur durchzusetzen, wirken faszinierend auf alle, die sie kennenlernen. Komme, was wolle. Jennifer ist geduldig, kreativ – und zäh. Und so hat sie es geschafft, viele Sachen gleichzeitig zum Laufen zu bringen. Gute Projekte, die viel Arbeit und Grips erfordern – und die sie nicht nur für sich selbst macht, sondern als

»ICH WAR SCHON IMMER FASZINIERT VON DER WELT DER ZUGVÖGEL.«

Retterin für die Wildnis und in diesem Fall für ihre zweite große Liebe: die Vögel.

Sie erzählt: »Ich war schon immer fasziniert von der Welt der Zugvögel und wenn sie hier, im Wattenmeer, im Frühjahr und Herbst Station machen, war ich auch meist da. Bewaffnet mit Fernglas und Fotoapparat. Das ist schon eine eigene Welt, wenn sie über die Wattflächen schwingen. Die Sehnsucht hier dann ganz zu leben war so groß, dass wir uns vor gut acht Jahren auf die Suche nach einer Heimat um das nordfriesische Wattenmeer herum aufmachten. Unser Traum war ein Halligleben, um wirklich ganz nah an der Natur zu sein. Dieser Traum ist dann auch für vier Jahre lang wahr geworden. Allerdings passen manchmal die Umstände nicht. Wir waren, im Nachhinein, in einer Findungsphase. Das war auch alles gut so!

Dort wurde uns klar, wie bedroht die Umwelt, unsere Heimat, ist. Nach jedem Sturm waren Unmengen von Plastik rund um die Hallig angeschwemmt. Die Vögel waren teilweise eingewickelt in Luftballonseile oder

»Dolly Rope«. Das sind Plastikfäden, die als Scheuerschutz in die Fischernetze geknotet werden, damit diese bei Grundberührung nicht so schnell abnutzen, oder starben qualvoll in angeschwemmtem Treibgut wie Netzen oder so vielem anderen Krams. Das war einfach nur widerlich. So entstand die Idee für den Verein Küste gegen Plastik e.V. Auch aus der Liebe und dem Hobby zu den gefiederten Freunden.« Inzwischen ist aus diesem Verein regelrecht eine Bewegung geworden. Natürlich mit toller Website und eigener App – Jennifers Vorleben als Social Media Managerin lässt herzlich grüßen.

Wie passen Kampf gegen Plastikmüll und Vogelliebe zusammen?

Einfach erklärt: Das Wattenmeer ist das Flug-Drehkreuz, Auftanklager und Wellnessoase für die typischen Zugvögel auf der Ostatlantikroute wie z.B. Ringelgans, Sandregenpfeifer, Flussseeschwalbe, Rotschenkel oder Knutt. Dies sind alles Zugvögel, für die das Wattenmeer als Brut- oder Rastplatz eine wichtige Rolle spielt. Ab dem Frühjahr sind sie meist in den Arktischen Gefilden zu Hause und den Winter verbringen sie vorwiegend in Westafrika. Für diese Reisen benötigen sie im Frühjahr und Herbst unbedingt diesen Zwischenstopp im Wattenmeer, der gut gefüllten Speisekammer im Norden.

Hier füllen sie ihre Energiereserven auf, genießen kurz das Zusammensein und dann geht's wieder weiter. Wenn also dieser wichtige Lebensraum – nicht nur für die Zugvögel – immer mehr vermüllt, verbaut wird, dann ist nicht nur das Leben der Zugvögel in Gefahr.

Auch unsere heimischen Wiesenvögel wie die Uferschnepfe oder der Kampfläufer, die ebenfalls in Afrika überwintern und dann wieder in unsere Gegend, die Köge, kommen, brauchen eine intakte Natur. Diese Arten sind inzwischen sogar vom Aussterben bedroht! Diese Dramatik war Jennifer Timrott zwar bewusst, aber sie hatte sie bis dahin nie so hautnah miterlebt.

»JE NÄHER MAN
DER NATUR
KOMMT, DESTO
VERTRAUTER WIRD
SIE EINEM UND
AUCH LIEBER.«

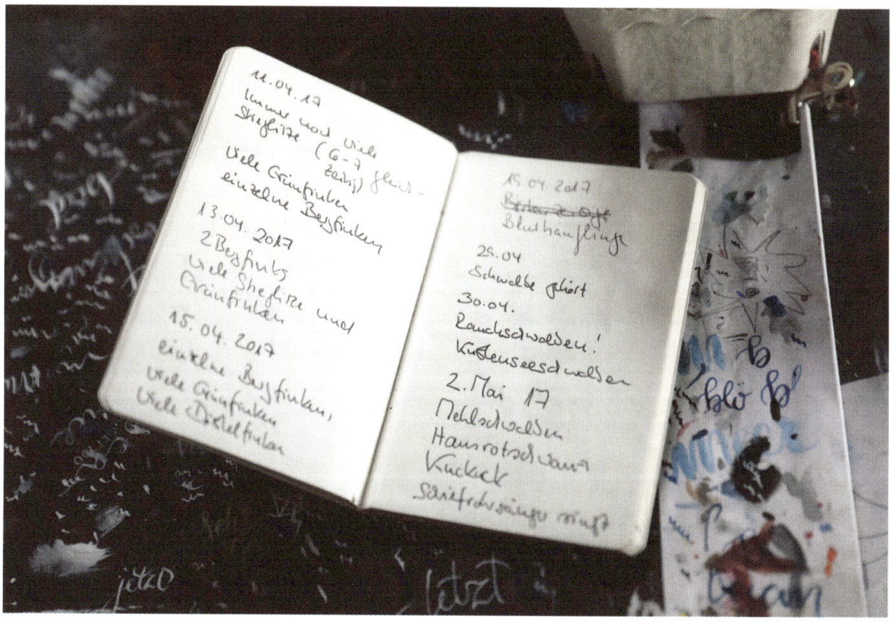

Was fliegt denn da? Nur kein Stress: In das Vogelguckbuch werden die Beobachtungen – unregelmäßig – eingetragen.

Die Nähe zur Natur war ihr immer wichtig. Je näher man der Natur kommt, desto vertrauter wird sie einem und auch lieber. Allerdings ist Jennifer Timrott ja keine Biologin oder gar Ornithologin. Daher hat sie sich einfach mit den Orten, an denen sie lebte, weiterentwickelt in Bezug auf das Wissen um die Natur und die Vogelkunde.

So führt sie ein kleines Buch, in dem sie – allerdings unregelmäßig, sie hat ja genug andere Sachen zu tun – aufschreibt, was sie so alles vor ihrem Fenster sieht. Das ist so spannend. Sie kann, da sie ihr Vogelguck-Buch über Jahre führt, sehr genau erkennen, was sich so in der Natur tut. Welcher Vogel da ist, wie sie sich verhalten. Auch Pflanzen oder Insekten werden erwähnt. Das gehört irgendwie alles zusammen. Aber auch das, muss sie zugeben, hat sie erst beim Führen des Buches erlebt.

Jetzt wohnen die Timrotts einige Kilometer vor Sankt Peter-Ording, der »größten Sandkiste im Norden« und dem weiten Weltnaturerbe Wattenmeer. Mittlerweile haben sie einen eigenen, kleinen Laden, »Sinn & Freude – Meerwerkstatt«, im Dorf, in dem sie Treibgut-Kunst, Fotos und Bilder verkaufen. Das läuft gut an und ist auch ein wahr gewordener Traum aus der Findungsphase, als sie immer mehr Treibgut fanden und vor allem fantastische Fotomotive in der Natur. Man weiß nie, wozu was gut ist, sagt der Norddeutsche!

Jennifer stromert häufig als selbsternannte Strandpiratin durchs Watt. Dabei entdeckt sie dann schon mal im Frühjahr die Austernfischer. Dann entstehen Fotos wie »Heute durften wir AuFis Kinder kennenlernen.« Fast so, als ob sie die Patentante wäre, die sich freut, zum Kaffee eingeladen zu werden.

BIRDS

»QUELLER ENTHALTEN VIELE NÄHRSTOFFE WIE MAGNESIUM, KALIUM, KALZIUM, EISEN UND ZINK.«

Piraten entdecken viel, kapern aber auch. Das Kapern lässt Jennifer bleiben. Aber das Entdecken, dass ist inzwischen so eine große Leidenschaft geworden, dass sie schon fast süchtig ist nach neuen Vogelarten, die auf der Sandbank rasten. Wie in diesem Juni die Kanadagänse. Und wenn die Ringelgänse im Mai wieder auf Tour in den Norden gehen, werden sie auf deutsch und dänisch auf der Facebookseite verabschiedet. Genauso werden aber auch die »neuen« Queller im Watt begrüßt. Dies sind einjährige, sehr gesunde Wattpflanzen. Queller enthalten viele Nährstoffe wie Magnesium, Kalium, Kalzium, Eisen, Zink, um nur ein paar zu nennen. Und sie liefern Jod – warum ja viele Menschen extra an die frische Nordseeluft fahren.

Allerdings sind die Queller, wie alle Pflanzen und Tiere, im Nationalpark Wattenmeer geschützt – also bitte nur angucken, nicht mitnehmen! Der Queller wird auch »Meeresspargel« genannt und der »neue« Foodtrend

»Waterworld« bringt ihn sogar in die Sternegastronomie oder auch in die Foodtrucks. Das interessiert Jennifer allerdings weniger. Die überzeugte Vegetarierin liebt Gemüse. Und das ist eben Gemüse aus dem geliebten Wattenmeer. Und von Trends hat sie schon genug im vorherigen Leben als Managerin im digitalen Business gehabt.

Vogelguckerin aus Leidenschaft – zum Nachmachen geeignet!

Meist entdeckt Jennifer aber nicht Queller, Ringelgänse oder Austernfischer im Wattenmeer. Immer mehr Schuhe (wahrscheinlich fallen des öfteren Container vom Deck), Plastikhandschuhe, Luftballons und Strohhalme oder anderes Plastikgedöns verdrecken die wertvollen Futtergründe.

Da sind wir schon wieder beim Plastikmüll – zurück zu den Vögeln vor der Haustür, die jeder beobachten kann. Schon kommt wieder das kleine Beobachtungsbuch ins Spiel und das Interesse an den heimischen Vögeln. So kommt sie Anfang Mai ins Grübeln. Es ist weniger los rund ums Haus. Nur 2–3 Mehlschwalbennester sind belebt, im letzten Jahr waren es 15. Wo sind die nur? Auch ist kein Schilfrohrsänger zu hören, der im letzten Jahr noch pausenlos schwatzte. Woran liegt es? Der späte Wintereinbruch Anfang April? Warum sind die Distelfinken – in diesem Jahr sogar vier verschiedene Arten – Mitte Mai noch da? Bleiben sie vielleicht und brüten sogar? Kernbeißer stehen auf einmal auf die neue Futterstelle. Die waren ja noch nie zu Besuch und sehen so schick gemacht aus. Und warum sieht die Heckenbraunelle immer so aus, als sei sie kurz vor dem Burnout? Sind die Feldsperlinge schuld, wird sie etwa gemobbt?

Eine Vogelfutterstelle passt auch auf das kleinste Grundstück oder den Balkon. Hauptsache vor Feuchtigkeit schützen und gut sauberhalten!

Was macht die schöne Goldammer an der Futterstelle? Wurde sie von den Grünfinken angelockt?

Jennifer Timrott führt aus: »Ich füttere das ganze Jahr durch an den verschiedenen Futterstellen rund ums Haus. Meine Meinung dazu ist, dass durch die Monokulturen rund um uns herum die Vögel nicht mehr genug zum Fressen finden. Durch die Beobachtungen kann ich gut einschätzen, dass es tatsächlich viel weniger Insekten gibt. Und natürlich ist es auch ein wenig Selbstzweck. Denn so kann ich die Tiere gut beobachten. Mein Tipp an andere Vogelgucker: Die Vögel erhalten im Frühjahr und Sommer Meisenknödel, Körner wie Sonnenblumenkerne oder Hirse, die mögen fast alle Vögel oder Weich-

Drei Grünfinken und ein Stieglitz an der Futterstelle. Sie füttern wahrscheinlich gerade die brütenden Weibchen. Die Nester sind oft in Hecken, Büschen oder kleinen Bäumen.

futter, z. B. Haferflocken. Die Futterspender müssen gut zu reinigen sein und Feuchtigkeit darf nicht eindringen. Vogelhäuser müssen regelmäßig gut gereinigt werden. Jede Vogelart frisst anders. Einige lieber auf dem Boden, andere lieber in höheren Etagen mit Balkon. Tipps dazu gibt es viele im Internet.«

Retreats für Vögel – zum fröhlichen Weiterflattern

Es passiert selbst hier in diesem Vogelparadies, dass mal ein Vogel gegen die Fenster fliegt. Das scheppert ordentlich und die armen Kerle liegen dann erstmal, wenn sie diesen Aufprallunfall überlebt haben, ziemlich fertig vor dem Glas. Dafür haben die Timrotts einen »Retreat-Karton«. Anders als beim Yoga-Retreat (eine kurze und intensive Erholung), geht es dann für den Vogel in den Ruhekarton. Ein Pappkarton mit ein paar Löchern und fein ausgekleidet dient dem Vogel dann, solange er möchte, als Rückzugsort nach diesem traumatischen Erlebnis. »Wir hatten im April einen Star, der nach dem Aufprall völlig apathisch vor dem Fenster lag, aus dem Schnabel blutete und zuckte. Nach einer halben Stunde im Karton hatte er genug entspannt und tatsächlich flog er auf den nächsten Ast. Da saß er dann. Wir haben ihn angstvoll beobachtet. Dann flog er wieder ganz fröhlich umher und ist seitdem unser gern gesehener Gast. Ich habe aber auch schon mal einen Vogel zum Tierarzt gebracht. Das muss man dann abschätzen«, erklärt Jennifer.

Nicht nur Vögel finden es in Jennifers Garten ganz schön. Schmetterlinge wie der Kleine Fuchs, kleines Wiesenvögelchen oder Kohlweißlinge entern das neu erschaffene Kräuterbeet. »Wir bauen uns so langsam einen insektenfreundlichen Garten. Es wächst hier einiges vom Vorgänger. Nicht so ganz heimische Gewächse und nicht unbedingt Futter für Insekten. Das pflanzen wir so nach und nach weg, säen regionale Blumen oder erhalten von Freunden Stauden. Es macht Spaß zu sehen, wie die Insekten das annehmen! Auch, wenn sie vielleicht dann bald von den Vögeln oder Fledermäusen gefressen werden. Eben der Lauf eines Insektenlebens.«

Warum ist Vogelschutz so wichtig?

Im Prinzip ist »Vogelschutz« und das Artensterben bei diesen Tieren nur eine Folge davon, dass der natürliche Lebensraum der Vögel verschwindet. Auf die kurze Formel gebracht. Natürlich sind aber auch das Insektensterben und der Klimawandel eine Ursache. Jedes Lebewesen, jede Art, ist ein kleines Rädchen im ökologischen Gleichgewicht der Erde. Stirbt eine Art aus, fehlt sie nicht nur »optisch«, sondern löst eine Kettenreaktion aus. Und immer hat es auch etwas mit Klima, Lebensraum und Nahrung zu tun. Denken wir nur an die Dinosaurier oder an den Säbelzahntiger. Durch das Aussterben ändert sich viel. Um nicht zu sagen, es brechen andere Zeitalter an. In Norddeutschland bemerken wir, dass die typischen Wiesenvögel rar werden – einige sogar vom Aussterben bedroht sind.

Erwiesen ist, dass Feuchtwiesen immer mehr zurückgedrängt werden für die konventionelle Landwirtschaft. Da helfen nur umfangreiche Maßnahmen wie Flächenvernässung, offene Landschaften und tierische Helfer wie z. B. die Naturschutzrinder wie Galloways, Highlands oder auch Wasserbüffel, die die Landschaft für die Schnepfe pflegen und hegen. So kommen im Katinger Watt die Wasserbüffel zum Einsatz. Die Galloways oder Highlands haben Klauen, die den Boden schonen und verdichten. Sie fressen auch Gestrüpp aus den Gräben, so dass die Vögel ihre Heimat behalten und gerne dort leben. Mehr dazu auch unter *www.wo-ist-greta.de.* Ein einzelner Mensch kann tatsächlich wenig bewirken. Da ist man nur als Gruppe stark. Das ist Jennifer Timrott ganz klar, und daran arbeitet sie.

Wer einen Buntspecht im eigenen Garten beobachten möchte: Totholz wirkt wie ein Magnet auf diese musikalischen Gesellen.

Grenzenlose VOGELFREU(N)DE

Wer mehr wissen oder helfen möchte: Ein paar einfache Tipps, die den Vögeln helfen und viele Freu(n)de bringen.

1 – BAU EINES VOGEL-RETREAT KARTONS

Man benötigt einen Karton, etwas größer als ein Schuhkarton, so dass auch ein Star oder eine Amsel bequem darin sitzen kann. Der Karton wird mit Luftlöchern versehen, innen kann man ihn mit einem kleinen Handtuch auslegen, oder mit etwas Küchenpapier (die Vögel hinterlassen meistens ein paar Kleckse). Wenn ein Vogel ans Fenster geprallt ist, bleibt er meist bewusstlos davor liegen. Dann kann man ihn in den Karton legen (den Karton verschließen!) und an eine ruhige, zimmerwarme Stelle bringen. Meist hört man schon nach einigen Minuten, dass der Vogel drinnen beginnt, sich zu bewegen. Nach einer Stunde kann man versuchen, ihn wieder freizulassen. Dazu sollte man unbedingt mit dem Karton ins Freie gehen. Die Vögel flüchten meist schon aus dem Karton, wenn er nur einen kleinen Spalt geöffnet wird. Wasser oder Futter werden im Karton nicht benötigt und sollten auch nicht hineingegeben werden.

Der selbstgebastelte »Retreat-Karton«. Kurze Ruhezeit für geschockte Vögel.

2 – VOGELGUCK-BUCH RUND UMS HAUS

Ich nehme immer ein kleines Buch, das gut auf der Fensterbank liegen kann, so dass ich eine Beobachtung direkt notieren kann. Man muss nicht jeden Tag etwas aufschreiben. Oft sind es über längere Zeit die gleichen Arten und es wird langweilig. Ich notiere, wenn mir etwas auffällt: Eine Vogelart ist neu an der Futterstelle, ich sehe oder höre sie zum ersten Mal im Frühjahr, es sind Jungvögel zu beobachten oder eine Art bleibt aus, weil sie weitergezogen ist. Auf diese Weise sammelt man für sich selbst spannende Informationen, auf die man in späteren Jahren immer wieder zurückgreifen kann.

3 – EIN ZUHAUSE FÜR VÖGEL

Ein Garten ist für Vögel interessant, wenn er Nahrung, Unterschlupf, Wasser, Überblick und Nistplätze bietet. Dies sind z. B. heimische Futtergehölze wie Weißdorn, Vogelbeere, Holunder oder wilder Wein. Hecken oder alte Bäume als Unterschlupf oder Nistplatz und eine wilde Ecke im Garten, Blumenwiesen als natürliche Futtersammelstelle. Eine Wasserschale oder ein Tümpel sind wichtig – gerade bei den trockener werdenden Sommerzeiten! Bieten Sie den Vögeln ein Zuhause, wenn Sie die Möglichkeit haben. Nistkästen kann man ganz einfach selbstbauen. Es gibt viele nützliche Bauanleitungen z. B. unter *www.nabu.de/tiere-und-pflanzen/voegel/helfen/nistkaesten/index.html*

4 – EXKURSIONEN

Wer mehr über Vögel wissen möchte: Es werden viele Exkursionen angeboten, z. B. von der Stiftung Naturschutz Schleswig-Holstein in den Extratouren unter *www.stiftungsland.de* oder vom Nabu zu den Zugvögeln oder den Vogeltagen in Nordfriesland. Nützlich sind Bestimmungsbücher, ein gutes Fernglas und ein Handy oder Fotoapparat, damit man die Beobachtung festhalten und gegebenenfalls später bestimmen kann.

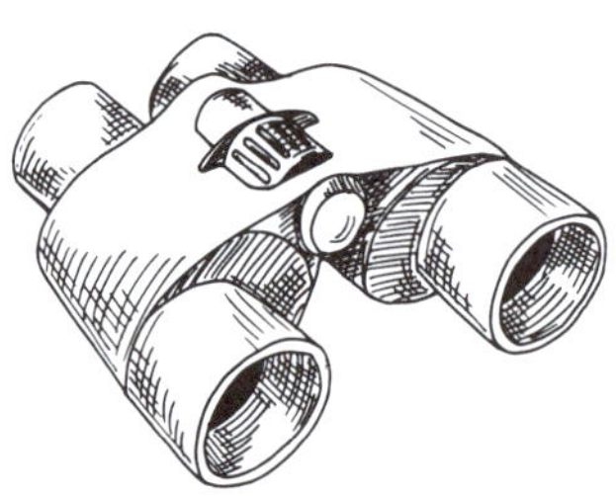

Mit viel Fingerspitzengefühl widmet sich Wiebke Busch seltenen Pflanzen. Die Gärtnerin setzt sich aus voller Überzeugung für schon fast ausgestorbene Wildpflanzen ein.

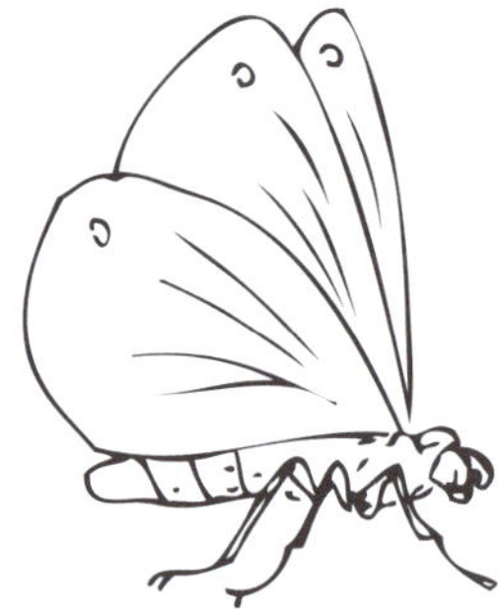

BLÜTENMEER

Die heimischen Wildblumen dürfen nicht aussterben! Wiebke Busch kümmert sich im Archepark Eggebek um das Überleben seltener Pflanzen.

Es erinnert ans Goldwaschen, wenn Wiebke Busch ein feines Sieb vorsichtig rüttelt und genau schaut, was darin hängen bleibt. Allerdings sind die kleinen Partikel kein Edelmetall, sondern Pflanzensamen. Auch die sind wertvoll, denn es handelt sich in diesem Fall um Samen des Gold-Klees, einer seltenen Art. Als Gärtnerin im Archepark Eggebek ist Wiebke Busch auf der Suche nach Saatgut von bedrohten Pflanzen, um die Artenvielfalt in mehreren Schritten zu bewahren. »Denn wir brauchen ein vielfältiges Ökosystem, um auch als Menschen überleben zu können«, sagt sie. Und Pflanzen wie der Gold-Klee oder die Küchenschelle gehören dazu.

Wildblumen sind sehr selten geworden. Wenn sie nicht schon ausgestorben sind, findet man sie nur noch an wenigen, meist wilden, Standorten im Norden. In den vergangenen Jahrzehnten haben sie zu häufig zu viel von unverträglichem Dünger, durch z. B. intensive Landwirtschaft, abbekommen. So verschwinden die Wildbumenwiesen immer mehr – teils auf Nimmer-Wiedersehen. Denn wenn stark gedüngt wird, entweicht ein Teil des

»ARNIKA ODER TEUFELSABBISS KÖNNEN AUF DÜNGER GUT VERZICHTEN. WILDBLUMEN SIND NÄHRSTOFF-MEIDEND.«

Stickstoffs vom Dünger in die Luft und mit Regen gelangt er wieder in die Böden – auch in Gebieten, die eigentlich keine Düngung erhalten sollen. Das fördert das Wachstum von Gräsern, sodass Kräuter kaum eine Chance haben, zu keimen. Eine Wildpflanze wie die Arnika war früher zum Beispiel auf dem gesamten schleswig-holsteinischen Geestrücken verbreitet. »Hätten wir die Saat nicht vermehrt und abertausende Pflanzen ausgepflanzt, wäre diese Art jetzt in Schleswig-Holstein so gut wie ausgestorben.«

Arnika oder auch der Teufelsabbiss können auf Dünger gut verzichten. »Wildblumen sind nährstoffmeidend«, erklärt Wiebke Busch. Wenn sie verdrängt werden, ist das Nektarangebot für Wildbienen gering. Insekten verhungern und es findet keine natürliche Bestäubung von Pflanzen mehr statt. Die Lage ist ernst. »Die Menschen sehen zwar Löwenzahn auf einer Wiese und meinen, dass es schön sei, wie alles herrlich blühe«, sagt die Wildblumenretterin, »aber das ist eigentlich kurz vor gar nichts mehr!« Für viele Kinder, die jetzt aufwachsen, seien Rapsfelder ja auch schon pure Natur. Daran merke man, dass etwas falsch läuft.

Wo sind Kamille, Klatschmohn und Kornblumen geblieben? Früher gab es in Schleswig-Holstein rund 1500 wilde, einheimische Pflanzenarten. Heute sind nur noch 300 Arten weit verbreitet, nur 100 dürfte man als »häufig« bezeichnen. Die Rote Liste der bedrohten Pflanzen wird immer länger.

In der Vergangenheit sind artenreiche Wiesen einerseits durch eine Nutzung des Menschen ohne Dünger entstanden, andererseits schon allein dadurch, dass große Wildherden – Wild, Auerochsen oder Wildpferde – durch die Landschaft zogen. Dort wo sie fraßen, hatten Wildpflanzen genug Freiräume zum Wachsen. Einige heute neu geschaffene Weidelandschaften, auf denen Naturschutzrinder leben, sind ein Beweis dafür. Denn hier wachsen wieder zahlreiche Wildpflanzen. Auf vielen so genutzten Flächen sind Wiebke Busch und ihr Team tätig. Insgesamt renaturiert das Projekt »Blütenmeer 2020« über 250 Hektar, von denen aus sich Wildblumen selbst ausbreiten sollen. Die Naturschützer werten artenreiches Grünland auf oder stellen Flächen wieder her. »In der Nähe von Lübeck dürfen wir zum Beispiel als Projekt dieses Jahr über 14 Hektar eines ehemaligen Maisackers in artenreiches Grünland umwandeln. Das ist uns eine Freude«, berichtet Wiebke Busch.

Ein Wettlauf gegen die Zeit

Um die Pflanzenvielfalt zu sichern, arbeitet Wiebke Busch als technische Leiterin der Arche-Gärtnerei in Eggebek an der Treene. In einem früheren, 25 Hektar großem Munitionsdepot der Bundeswehr, nun Stiftungsland der Stiftung Naturschutz Schleswig-Holstein,

Die jungen Wildpflanzen werden professionell gepflegt – bis sie in die freie Wildbahn entlassen werden.

kümmert sie sich mit einem Team um den Experten Dr. Christian Dolnik um rund 100 fast schon ausgestorbene, heimische Pflanzenarten. »Wir haben noch mehr Arten auf unserer Projektliste. Aber von einigen konnte noch gar kein Saatgut gefunden werden. Es ist ein Wettlauf gegen die Zeit.«

Hier in Eggebek herrschen ideale Bedingungen, denn aufgrund der militärischen Nutzung wurde auf der großen Fläche nie gedüngt. Aus einer Handvoll wild gesammelter Saat zieht sie unter naturnahen Bedingungen Jungpflanzen auf. Diese werden auf passenden Flächen der Stiftung Naturschutz Schleswig-Holstein ausgepflanzt, sobald sie groß und stark genug dafür

In aufwendiger Handarbeit erntet Wiebke Busch die Saat von Wildblumen wie dem kleinen Wiesenknopf. Sie hat viel Übung darin, denn seit ihrer Kindheit beschäftigt sie sich hingebungsvoll mit Pflanzen.

sind. Dabei wird streng auf die Vorgaben des Verbandes deutscher Wildsamen- und Wildblumenproduzenten (VWW) geachtet, etwa darauf, dass bei der Vermehrung die genetische Vielfalt der Arten erhalten bleibt. Dafür muss zum Beispiel spätestens nach fünf Jahren neues Ausgangssaatgut aus der Natur gesammelt werden.

Während Wiebke Busch von Ihrer Arbeit erzählt, erinnert sie sich an ihre Kindheit am Westensee. Sie wuchs in einem Haus mit idyllischem Garten samt Schafen und Gänsen auf. »Schon damals habe ich die Saat von Wildblumen gesammelt und in Töpfe gesät, um die Pflanzen dann auf eine Rasenfläche zu setzen, aus der eine Wildblumenwiese werden sollte«, fällt ihr ein.

Vom Glück, zur richtigen Zeit am richtigen Ort zu sein

Später hat sie eine Ausbildung zur Landwirtin im ökologischen Landbau gemacht, nach einem Wanderjahr in Irland die Höhere Landbauschule für Ökolandbau in Kleve am Niederrhein besucht und zehn Jahre auf einem Biohof in Großholz gearbeitet. Als sie von gleich drei Bekannten auf die freie Stelle in der geplanten Gärtnerei des Projektes Blütenmeer 2020 aufmerksam gemacht wurde, ahnte sie, dass es ihr Traumjob sein könnte. »Jeder Tag ist anders – das mag ich sehr.« Auch wenn sie viel Zeit im Büro verbringt – ihre Finger berühren genauso oft eine Computertastatur wie Erde – ist Wiebke Busch oft an der frischen Luft.

»VIELE PFLANZEN SIND NUR NOCH AN WENIGEN STANDORTEN ODER SCHWER ZU FINDEN.«

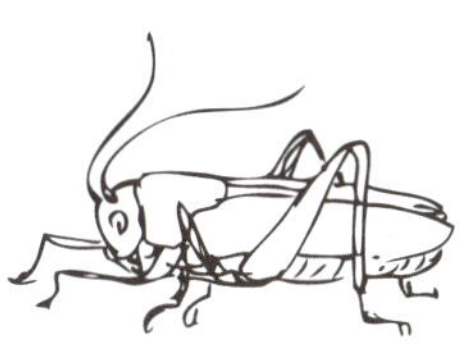

Ähnlich wie zwei Kollegen: Biologen wie Dr. Christian Dolnik, Leiter des Projektes, und Björn-Henning Rickert suchen für das Projekt seltene Pflanzen, sammeln Samen und kartieren. Letzte Standorte von Arten sind kaum kartiert, weil man nicht damit gerechnet hat, dass die Wildpflanzen so in Gefahr geraten könnten. Hinzukommt, dass immer weniger Menschen über Artenkenntnis verfügen und man deshalb nicht überall nachfragen kann, was wo wächst. Die Helfer müssen ein Gespür und Glück haben, um zur richtigen Zeit am richtigen Ort zu sein – genau dann, wenn die wenigen in freier Wildbahn verbliebenen Pflanzen ihre Samen tragen. Dieses Saatgut wird eingesammelt und zur Arche-Gärtnerei gebracht. Samen einer Pflanzenart müssen dabei aus unterschiedlichen Gegenden kommen, um eine möglichst große genetische Vielfalt zu erhalten. »Nur so kann man Erbschwächen verhindern und Pflanzen für Extremsituationen fit machen. Möglich ist das nicht immer, denn viele Pflanzen sind nur noch an wenigen Standorten oder schwer zu finden.«

In der Gärtnerei, einer ehemaligen Fahrzeughalle, wird das Saatgut getrocknet und durch die Reinigungssiebe gerüttelt. Die Samen werden in Saatschalen ausgesät und fürsorglich behandelt. Nun heißt es warten. Denn manche Samen keimen nach zwei Wochen, andere erst nach ein, zwei Jahren. Die Gewächse werden pikiert, dabei werden zu dicht stehende junge Pflanzen in einen größeren Abstand zueinander gesetzt.

Sobald die Pflanzen eine gewisse Größe erreicht haben, werden sie entweder auf eine externe Fläche gepflanzt oder in die sogenannte Mutterpflanzenkultur gebracht, wo Saat produziert wird. »Das ist unser Acker«, sagt Wiebke Busch. Auf dieser Anbaufläche nahe der Gärtnerei werden Reihe für Reihe seltene Pflanzen groß gezogen. Ein schönes Bild. Vor allem wenn man im Detail sieht, wie viele Insekten sich auf dieser relativ kleinen Fläche aufhalten. Hier ist alles voll Schwebfliegen, Hummeln, Marienkäfern. »Man versteht sein eigenes Wort nicht, wenn es um einen herum summt und schwirrt«, lacht Wiebke Busch.

Nicht egal, was blüht

»Die heimische Fauna braucht die heimische Flora«, erklärt die Expertin. Und es ist in manchen Fällen sogar extrem: Denn einzelne Arten brauchen ganz bestimmte Pflanzen zum Überleben. So ist etwa die Natternkopf-Mauerbiene streng spezialisiert auf den Natternkopf. Wächst die Pflanze nicht, kann die Biene nicht existieren. Allein mit diesem Beispiel macht Wiebke Busch eindringlich klar: »Es ist nicht egal, was bei uns blüht.«

Auch gesetzlich gibt es mittlerweile klare Vorstellungen, was wachsen soll. Regionales Wildpflanzensaatgut soll laut Bundesnaturschutzgesetz unter anderem bei Ausgleichsmaßnahmen oder bei Knicks verwendet werden. So die Empfehlung. Im Jahr 2020 wird diese Vorschrift rechtsverbindlich.

»Das ist unser Acker«: Wiebke Busch zeigt uns ein buntes Feld nahe der Gärtnerei in Eggebek. Hier befindet sich die sogenannte Mutterpflanzenkultur, wo seltene Wildblumen in Ruhe heranwachsen können. So wird neues Saatgut produziert. Ein Paradies für Insekten, die natürlich von den Pflanzen angelockt werden. Es schwirrt und brummt überall.

Ein Umdenken auf ganzer Linie muss stattfinden

Dennoch wundert sich Wiebke Busch oft über falsche Bepflanzungspläne. So beobachtet sie, wie Krautpflanzen entfernt und stattdessen Stiefmütterchen gepflanzt werden. »Eine Knoblauchsrauke wäre für das Ökosystem viel besser.« Auch in Privatgärten sieht sie die Konzentration auf einige wenige Zierpflanzen. »Die Menschen wollen etwas tun, wissen aber nicht so recht wie. So pflanzen sie oft großblütige Zierpflanzen, die der heimischen Insektenwelt wenig weiterhelfen.« Das müsse sich dringend ändern.

Pflanzen, die auf der Roten Liste stehen, dürfen auf keinen Fall gepflückt werden. Das heißt aber nicht, dass artenreiche Wiesen nicht zugänglich und genutzt werden dürfen. Dies ist vor allem für Kinder wichtig, die so lernen, was schützenswert ist. Frei nach dem Anthroposophen Rudolf Steiner meint Wiebke Busch, dass jeder Mensch einmal in seinem Leben direkten Kontakt zur Erde und Pflanzen haben sollte. Sie möchte daher dazu animieren, heimischen Wildpflanzen im Garten und auf dem Balkon einen Lebensraum zu geben.

»Vieles ist nicht mehr zu retten«, meint Wiebke Busch. Sie möchte nicht schwarzmalen, zeigt aber deutlich, was derzeit Sache ist: »Wir haben ein System entwickelt, das lebensfeindlich ist. Wir rotten gerade so krass aus, wie es noch nie geschehen ist.« Das artenreiche Grünland ist schwer zurückzuholen. »Dafür müssten sich die gesamte Gesellschaft und unser Wirtschaftssystem ändern, nur wie und wann?«

Die aktuelle Panik sei tatsächlich angebracht, ist sie sich sicher. Deswegen wünscht sie ein Umdenken auf ganzer Linie und eine fortschrittliche Agrarpolitik. »Zum Beispiel müssten die Subventionen für Kunstdünger gestoppt werden. Dann würde der kommerzielle konventionelle Anbau ganz anders aussehen, alle müssten umdenken und in der Folge würden vermutlich weniger Nährstoffe in die Böden und ins Grundwasser gelangen.«

Wiebke Busch hat die Zuversicht, dass die Menschen wieder mehr Bewusstsein für Pflanzen entwickeln. Eine Chance sieht sie in den Privatgrundstücken. »Die Fläche an Gärten ist enorm. Wenn darin nicht nur Kies liegt, sondern heimische Blühpflanzen wachsen dürfen, wären das Oasen für unseren Blütenschatz.« Vielleicht die pinke Heidenelke und das blaue Berg-Sandglöckchen, die Lieblingspflanzen von Wiebke Busch. »Die sehen zusammen toll aus!«

Die Gärtnerin sieht übrigens überall Eingriffe in die Natur, die nicht gerade der Artenvielfalt dienen. So kritisiert sie die Mäharbeiten an vielen Straßenrändern. Hier wird oft mit einem Mulchmäher gearbeitet. Die Straßenränder werden laut Wiebke Busch zu häufig gemäht. Das Mähgut wird liegen gelassen und die Wildpflanzen ersticken darunter. »Mulchen ist für Wildblumen das zweitschlechteste, was man tun kann – nach nichts tun.«

Wir retten, was uns möglich ist

Ob einzelne Pflanzenarten aussterben, ist schwer zu beobachten, weil eben nicht alle Standorte bekannt sind. »Aber was wir sehen ist, dass komplette Populationen von einem aufs nächste Jahr verschwinden. Das passiert.« Zum Beispiel wenn ein Feld umgebrochen und zu einem Maisacker umgewandelt wird. In einigen glücklichen Fällen arbeiten Landwirte mit der Stiftung Naturschutz zusammen, sodass Wildpflanzen umgesiedelt werden. »Dann ist es toll, wenn Pflanzen gerettet werden und in der Nachbarschaft weiterleben.«

Bei den Auspflanzungen außerhalb der Gärtnerei geht das Team der Arche-Gärtnerei akribisch vor. In mühevoller Handarbeit setzen sie die jungen Pflanzen aus – meistens in geordneten Reihen, statt kreuz und quer. Das sieht zwar nicht gerade wild aus, aber es hilft bei der späteren Kontrolle, ob sich die Wildblumen etablieren konnten. Dafür werden alle Auspflanzungen mit GPS-Geräten eingemessen. So sind sie einerseits schnell wiederzufinden, andererseits

»MULCHEN IST FÜR WILDBLUMEN DAS ZWEIT-SCHLECHTESTE, WAS MAN TUN KANN – NACH NICHTS TUN.«

Bei lang anhaltender Trockenheit muss genau geprüft werden, ob ein Auspflanzen der wertvollen Wildblumen-Stecklinge sinnvoll ist.

wissen auch Wildnisretter anderer Projekte, die z. B. einen Teich graben möchten, wo seltene Pflanzen bereits eine neue Heimat gefunden haben.

Im ersten und dritten Jahr nach jedem Eingriff wird ein Monitoring durchgeführt, bei dem genau geschaut wird, ob sich eine Pflanze verbreiten konnte. »Das Monitoring zeigt, wie erfolgreich wir arbeiten.« Dann erlebt sie die schönsten Momente. »Wenn ich sehe, dass eine Primelanpflanzung zu 100 Prozent funktioniert hat, bin ich glücklich.« Dann hat sich die Mühe gelohnt. Es finden aber nicht nur Anpflanzungen statt. Bei der sogenannten Mahdgutübertragung werden artenreiche Wiesen zum Zeitpunkt der Saatreife vieler Kräuter abgeschnitten. Das Mahdgut wird abtransportiert und auf einer dafür vorbereiteten Fläche in der Umgebung wieder als Mulchschicht ausgebracht. Hier können nun die Samen keimen und machen so eine andere Fläche bunt. Dies sind sogenannte Spender- und Empfängerflächen. »Durch solche Maßnahmen schaffen wir viele neue Spenderflächen im Land, die wiederum Ursprung für artenreiche Wiesen sein können.«

Wildsaat braucht Geduld und den richtigen Boden

Man kann vieles nicht genau planen, erklärt sie. Aufgrund der geringen Keimfähigkeit von Wildpflanzensamen sei alles sehr schwer vorhersehbar, anders als im Gemüseanbau. Wildsaat ist nicht züchterisch bearbeitet. »Da braucht es manchmal ein bis zwei Jahre, bis etwas keimt.« In der Natur sei dies übrigens ein Qualitätsmerkmal. Denn würde alle Saat einer Art schnell und gleichzeitig keimen, bräuchte es nur ein Wetterextrem und die gesamte Art wäre mit einem Schlag ausgelöscht. »Die Natur ist erfinderisch und hat Geduld. Und die sollte man als Wildpflanzengärtner auch mitbringen.«

Wenn es nicht klappt, sei es einfach schade. Denn das Saatgut ist nunmal wertvoll. Mindestens so wertvoll wie Gold. Die Wildblumenretter von der Arche-Gärtnerei sind da ähnlich wie die Goldschürfer – mit Geduld, Einsatz und sicher auch einem Hauch von Romantik und Abenteuer suchen sie die seltenen Pflanzen und freuen sich über jeden wertvollen Fund. Dieser wird dann gehegt und gepflegt – damit die Wildnis gerettet wird.

Ansaat einer WILDBLUMENWIESE

*Eine eigene Wildblumenwiese –
mit ein paar Tipps zum wilden Blütenmeer!*

1 – VORBEREITUNG DER SAATFLÄCHE

Zunächst möglichst tief mähen. Das gemähte Gras zusammenharken und abräumen. Danach die Fläche mit einem Vertikutierer in der tiefsten Einstellung intensiv bearbeiten; so lange, bis vom Gras nicht mehr viel zu sehen ist. Gras- und Moosreste abharken und abräumen. Als Alternative zum Vertikutierer kann auch eine Gartenfräse eingesetzt werden. Bei kleineren Flächen kann man Wildblumen-Inseln von 1–2 Quadratmeter schaffen. Entweder schält man die Grasnarbe ab und füllt sie mit magerer Erde wieder auf oder man lässt im Sommer das zusammengerechte Mähgut ca. drei Monate lang auf Haufen liegen. Anschließend abräumen, Mähgut kompostieren, Fläche auflockern, einsäen und festtreten.

2 – AUSSAAT

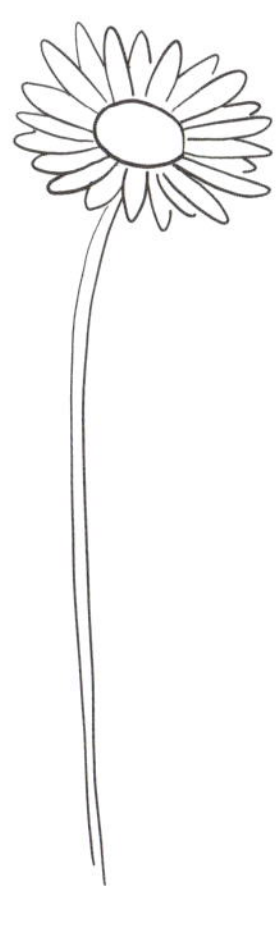

Aussaatzeitpunkte sind August bis Oktober (Vorteile für Kräuter, da viele den Kältereiz zum Keimen brauchen) oder März bis April (in unseren Breiten aber zunehmende Gefahr von Frühjahrstrockenheiten). Die Saat nicht einarbeiten, nur aufstreuen – viele Wildpflanzen sind Lichtkeimer. Zu bedenken ist: Viel hilft nicht viel – zu dicht gesäte Bestände machen sich gegenseitig Konkurrenz. Saatmenge ca. 3 g/m². Zur besseren Dosierung die Saat mit Sand, Sägespänen, Soja- oder Maisschrot strecken. Gleichmäßig per Hand ausbringen. Anwalzen ist unbedingt notwendig – es sorgt für den Bodenanschluss der Samen und sichert so die Wasserversorgung der keimenden Saat. Viele Arten sind auf die Kälteeinwirkung im Winter angewiesen, um zu keimen. Wildblumen keimen nicht wie Zuchtsorten alle zum gleichen Zeitpunkt. Manche Samen gehen eventuell erst nach Monaten oder Jahren auf. Daher ist Geduld nötig.

3 – PFLEGE DER ANSAAT IM ERSTEN JAHR

Entwickeln sich nach der Ansaat zunächst ungewollte Unkräuter, wie Melde, Hirtentäschel und andere, ist es sinnvoll, einen Pflegeschnitt vorzunehmen. Mähen sie die Fläche dazu im Frühsommer und räumen das Mahdgut ab, damit sich die anderen Arten weiter entwickeln können. Danach ist wieder Geduld gefragt. Eine Wildblumenwiese braucht mitunter Jahre, um sich richtig zu entwickeln und zeigt jedes Jahr einen etwas anderen Blühaspekt.

4 – PFLEGE UND NUTZUNG DER WILDBLUMENWIESE

Die langfristige Pflege der Wildblumenwiese und die Art und Weise, in der dies durchgeführt wird, sind entscheidend für den Erfolg. Bei Mahd wird sich aus der gleichen Saatmischung ein anderer Wiesentyp entwickeln als bei Beweidung, da die Pflanzenarten unterschiedlich auf »gemäht werden« und »gefressen werden« reagieren. Reiche Blühaspekte für Insekten entwickeln sich eher bei Mahd – Weidetiere naschen gern Blüten. Die optimale Pflege bei Mahd besteht aus der klassischen Heuernte mit zwei Ernten (im Sommer und im Herbst). Durch das Trocknen und Wenden des Heus auf der Fläche, vor dem Pressen der Ballen, kann Saat noch nachreifen und auf der Fläche ausfallen. Bei Beweidung ist eine Weidepause von Mitte Mai bis Mitte Juli optimal, in dieser Zeit können die meisten Wildblumenarten blühen und Saat bilden. Entweder beginnt dann ab Mitte Juli wieder die Beweidung oder es erfolgt erst ein Schnitt zur Heu- oder Silageernte (Nutzung als klassische Mähweide). Ein zeitversetztes Mähen von Teilflächen und abgeänderte Mähzeitpunkte im Lauf der Jahre fördern Insekten- und Pflanzenvielfalt.

Tipp: Wildblumen sind meist konkurrenzschwach und nährstoffmeidend. Gräser verdrängen die Kräuter oft schon im Keimstadium. Darum gilt grundsätzlich: je weniger Nährstoffe, desto weniger Gräser, desto mehr Blütenpflanzen. Deshalb sollte die Erde von Wildblumen nicht gedüngt werden.

Große und kleine Bohrlöcher, dicke und dünne Halme bietet dieses prachtvolle Insektenhotel. Wichtig ist die Ausrichtung der Nisthilfe gen Süden, und die Vegetation darf die Anflugschneise für Wildbienen und Co nicht überwuchern.

BUDENZAUBER

Damit Wildbienen und andere Insekten in den modernen Lebensumwelten Hilfe bekommen, können wir ihnen Hotels bauen.

Tischlerin Nicole Sellmann schneidet die Reetmatte mit der Flex in sechs Zentimeter breite Streifen, ihr Kollege Phillip Schneekloth bohrt senkrecht Löcher in ein Stück Eichenholz. Zwischen zwei und acht Millimeter beträgt der Durchmesser, und genau wie die kleinen Reethalme sollen die so entstandenen Gänge Wildbienen als Brutröhren dienen. In der Tischlerei der Werkstatt für Arbeit, Landschaft und Kultur walk gGmbH in Dannau unweit der Hohwachter Bucht an der Ostsee entsteht eine Nisthilfe, auch Insektenhotel genannt, eines der Produkte, die die Firma im Bereich Naturholzwerkstatt herstellt. Geschäftsführer Claus-Peter Nebendahl erklärt kurz, wie wichtig es ist, die Bohrungen mit Schleifpapier nachzubehandeln, die Wildbienen könnten sich sonst die Flügel verletzen. Vor vier Jahren hat er die walk gGmbH gegründet, ein Inklusionsunternehmen, das sich erfolgreich am ersten Arbeitsmarkt behauptet. »›Walk‹ steht für Gehen, in Bewegung bleiben, unser Leitmotiv ist ›Natur und Mensch‹«, so Nebendahl, »sechs unserer 14 Mitarbeiter sind schwerbehindert. Wir arbeiten für Naturschutzverbände- und

»IN SCHLESWIG-HOLSTEIN GELTEN MEHR ALS DIE HÄLFTE ALLER WILDBIENENARTEN IN IHREM BESTAND BEDROHT.«

-vereine, für Natur-Stiftungen, für Städte und Landkreise. Wir machen alles, was im praktischen Naturschutz an Tätigkeiten anfällt. Dazu gehört die Gewässer- und Landschaftspflege in sensiblen Lebensräumen. Wir übernehmen die Anlage und Pflege von Streuobstwiesen, Knicks und Gehölzen. Im Rahmen der Aktion Blütenmeer 2020, einem Projekt der Stiftung Naturschutz Schleswig-Holstein, übertragen wir Mahdgut. Mit einem Spezialmäher pflegen wir sehr schonend Feuchtwiesen an Grenzstandorten, wo keine landwirtschaftliche Maschine mehr fahren kann. Wir betreuen Naturschutzgebiete, bauen Leitzäune, um wertvolle Lebensräume zu erhalten, und für Küstenseeschwalben bringen wir Brutflöße auf die Seen.« Im vergangenen Jahr ist der Garten- und Landschaftsbau dazugekommen, den Nebendahl gern in Richtung Naturgärten entwickeln möchte. Und dann ist da noch der Bereich Naturholzwerkstatt mit der Herstellung von robusten Gartenmöbeln, dem Bau von Stegen und Bohlenwegen, Naturschutztafeln, Schutzhütten. Und die Nisthilfen? »Unter wirtschaftlichen Gesichtspunkten spielen sie eine eher untergeordnete Rolle«, so Nebendahl, »aber sie haben eben einen anderen Wert, sind heute wichtiger denn je.« Denn: Ohne Bienen kein Obst, und die Blumen bilden keine Samen! Neben der Honigbiene sorgen über 500 Wildbienen-Arten in Deutschland für die Bestäubung der Blütenpflanzen. Sie heißen Maskenbienen, Furchenbienen, Seidenbienen, Sandbienen, Wollbienen, Pelzbienen, Mauerbienen, und auch die Hummeln gehören dazu. Die kleinsten unter ihnen messen nur wenige Millimeter, Hummelköniginnen erreichen bis zu zwei Zentimeter Länge. Zum Überleben brauchen Wildbienen neben geeigneten Nistplätzen ein reichhaltiges Blütenangebot zur Eigenversorgung und als Proviant für die Brut. Die meisten von ihnen nisten einzeln im Boden, andere nutzen oberirdische Hohlräume, besiedeln als Nachmieter alte Käferfraßgänge in Totholz oder hohle und auch markhaltige Pflanzenstängel, Pflanzengallen und morsches Holz. Parasitisch lebende Wildbienen sind auf die Nester ihrer Wirte angewiesen, weil sie selbst keine Brutpflege betreiben. Zwischen 20 und 40 Nachkommen produzieren Solitärbienen, dabei werden sie selbst nicht älter als vier bis sechs Wochen. Nebendahl: »Wildbienen sind überhaupt nicht aggressiv, sie stechen nur im Notfall.« Durch die Intensivierung der Landwirtschaft, durch Überdüngung, Flächenversiegelung, Pestizide und den Verlust an struktur- und blütenreichen Lebensräumen nehmen sowohl die Artenzahl als auch die Bestandsgrößen dieser nützlichen Insekten ab. In Schleswig-Holstein gelten mittlerweile mehr als die Hälfte aller Wildbienenarten in ihrem Bestand bedroht.

Diese Nisthilfe funktioniert: Ein Insekt verlässt gerade die Niströhre. Auch einige der Nachbarn sind bereits ausgeflogen

Wildbienen und Menschen gehören einfach zusammen

Claus-Peter Nebendahl ist Agraringenieur und Wildnispädagoge, seit den 1990er Jahren arbeitet er an der Schnittstelle zwischen Naturschutz und der Integration benachteiligter Menschen in die Gesellschaft. Die Problematik der Wildbienen beschäftigt ihn seit 2008: »Da fragte das Arbeitsamt an, ob ich mir vorstellen könnte, erlebnispädagogisch mit bildungsfernen Jugendlichen zu arbeiten.« Junge Menschen, die total frustriert waren, die alles verweigerten, ohne Schulabschluss und mit komplexen Problemen. Und obwohl er damals keinerlei Lehrerambitionen in sich spürte, reizte es ihn, auf Augenhöhe mit

»ES IST MIR WICHTIG, MEINEN BEITRAG FÜR DIE NATUR ZU LEISTEN, DIE WELT EIN WENIG BESSER ZU HINTERLASSEN, ALS ICH SIE VORGEFUNDEN HABE.«

Der Fantasie beim Gestalten der Nisthilfe sind keine Grenzen gesetzt: Hier sind Bohrungen in Holz aufs Schönste mit Halmen kombiniert.

diesen Menschen in und mit der Natur zu wirken. »Nichts prägt nachhaltiger als die selbst gemachte Erfahrung«, weiß Nebendahl und schrieb, unterstützt von engagierten Menschen, ein Konzept, das er »Jugend auf der grünen Walz« nannte – weg vom Kognitiven, vom Frontalunterricht, hin zur Lebensschule: »Wir bauten Nist- und Überwinterungshilfen für Wildbienen.« Für Nebendahl ein wertvoller Beitrag für den Artenschutz und die Biodiversität und gleichzeitig Begreifen mit allen Sinnen. »Die Jugendlichen lernten alles über den Lebenslauf der Wildbienen und konnten in der Praxis beobachten, wie diese Tiere die selbst gebauten Nisthilfen nutzen.« Dass Wildbienen ihrem Ei Pollen und Nektar als Nahrungsvorrat mit in die Brutzelle geben, die sie dann mit Lehm und Speichel verschließen. Dass sich aus einem abgelegten Ei eine Larve entwickelt, die sich verpuppt. Dass aus der Puppe die junge Biene schlüpft, die die Brutröhre im nächsten Jahr verlässt. Dass die Anzahl der in der Brutröhre angelegten Brutzellen ebenso wie die Auskleidung der Brutröhre und der Nestverschluss von Art zu Art variieren und, und, und.

Man muss die Natur mit allen Sinnen begreifen

Nebendahl berichtet weiter: »In der Praxis sah das so aus: Finanziert mit Mitteln aus der Bingo-Lotterie, zwei Jobcentern und der Stiftung Naturschutz Schleswig-Holstein lebten wir mit zehn bis 15 Jugendlichen in Naturcamps und verteilten unsere Insektennisthilfen in ganz Schleswig-Holstein. Wir stellten unsere Jurten in acht Naturerlebnisräumen und zwei Naturschutzgebieten zwischen Flensburg und Hamburg, von Föhr bis Fehmarn auf. Bis zu einer Woche verbrachten wir an den Standorten. Die Jugendlichen kreierten neben den künstlichen Nist- und Überwinterungs-

quartieren ganze Insektenparadiese für staatenbildende und Solitärinsekten: mit Totholzhaufen, meterlangen Lehmwänden, Rohbodenflächen für Erdbienen und Natursteinmauern. Daneben haben wir auch Flöße und Kanus gebaut.« Erlebnispädagogik pur, ein Erfolgsprojekt, ausgezeichnet mit der UN-Dekade, das damals vielfach durch die Presse ging und das ihm so viel Spaß machte, dass er es jederzeit wiederholen würde. Besonders freute er sich über eine Einladung von Bundespräsident Horst Köhler. »Wir sind mit unseren Nisthilfen auch auf Märkte gegangen, haben Selbstbausätze verkauft und vor Ort zum Bau angeleitet.« Die Aktivitäten gipfelten schließlich in einem Bienenmobil, einem ausgebauten Info-Anhänger zum Thema Wildbienen.

Nisthilfen für Wildbienen gibt es von ganz einfach bis zum Luxusmodell. »Als Blechdose gefüllt mit Halmen, die man mit Kindern auf einem Spaziergang durch die Natur sammelt. Die aufwändigen Varianten enthalten unterschiedlichste Materialien: neben Halmen auch Holz mit Bohrungen oder Totholz und Lehm«, umreißt Nebendahl die Möglichkeiten. An einer Wand in den Werkstätten

»NISTHILFEN FÜR WILDBIENEN GIBT ES VON GANZ EINFACH BIS ZUM LUXUSMODELL.«

»ICH INTERESSIERE MICH FÜR DINGE, DIE MAN IN DER NATUR ERFAHREN UND FÜR DAS LEBEN LERNEN KANN.«

der walk gGmbH, die seit 1991 unter verschiedenen Namen Basis für Schutz und Pflege der Natur in der Holsteinischen Schweiz sind, hängen neben Meisenkästen und Fledermausunterschlupf einige der Modelle, die unter Nebendahls Anleitung entstanden sind. Darunter das »XL-Modell«, eine besonders attraktive Nisthilfe in Form eines Hauses. »Aufwändig herzustellen, da steckt viel Handarbeit drin«, sagt er und freut sich, wie schön hier Eichentotholz und Restholz aus dem Bohlenbau nachhaltig verarbeitet sind. »Jede Nisthilfe ist ein Unikat. Für einen Unternehmer haben wir einmal ein wandgroßes Insektenhotel gebaut. Und auch die sechs Preisträger des Wettbewerbs »Bienenfreundlichste Kommune Schleswig-Holsteins 2016« haben wir mit unseren Nisthilfen versorgt.« Für die Landesgartenschau 2016 bauten die Mitarbeiter der walk gGmbH Insektennisthilfen in Form von Stelen aus Eichenstammholz. Mit kleinen, an den Seiten integrierten Pflanzschalen für Sukkulenten.

Links: Zu eng stehende Bohrungen haben zu Rissen im Holz geführt, hier könnten sich Insekten verletzen.
Rechts: Claus-Peter Nebendahl bespricht mit Phillip Schneekloth den Prototyp der Nisthilfe

Die Bohrungen, die die Wildbienen zum Brutgeschäft anfliegen, ergeben dekorative Motive: ein Fisch, eine Eule, ein Wolf, Schmetterlinge, Blumen und ein Vogel.

Eine ausgeprägte Affinität zur Natur hatte Nebendahl, Jahrgang 1959, schon immer: »Ich bin auf dem Dorf aufgewachsen, habe eine tolle Kindheit draußen verlebt, schon als Junge wollte ich Förster werden.« Während des Studiums zum Diplomagraringenieur mit Schwerpunkt Landschaftsökologie in Kiel kristallisierte sich heraus: »Die klassische Landwirtschaft ist nicht mein Thema, und ich möchte draußen in der Natur arbeiten.« Das Angebot im Jahr 1989, im Auftrag des Arbeitsamtes mit arbeitslosen Jugendlichen Wälder zu pflegen, kam da gerade recht. Nebendahl: »Der Naturschutz wurde mir immer mehr zum Bedürfnis. Natur und soziales Engagement miteinander zu verknüpfen, hat mein ganzes Leben geprägt, beruflich wie privat.« Der Vater zweier erwachsener Kinder lebt mit seiner Frau in einem der sehr seltenen verbliebenen Nieder- und Mittelwälder Schleswig-Holsteins, »mit fast jeder Baumart und fünf Orchideenarten«, betreibt hier auf dem Naturplatz Ellert eine Bildungseinrichtung zu dem Themenkreis Wildnis, Wildnisschulen und Naturerfahrung. Das Wissen der indigenen Völker fasziniert ihn: »›Wir sind ein Teil der Natur‹, ist mein Motto. Ich interessiere mich für Dinge, die man in der Natur erfahren und für das Leben lernen kann. Und es ist mir wichtig, meinen Beitrag für die Natur zu leisten, die Welt ein wenig besser zu hinterlassen, als ich sie vorgefunden habe.«

Die kleine INSEKTENNISTHILFE

Jeder kann in seinem Garten etwas für Wildbienen tun: mit Wildnisecken, Totholz, dem Verzicht auf Pflanzenschutzmittel und einer selbst gebauten Nisthilfe.

1 – DER KORPUS

Dachbretter stumpf anschlagen und verschrauben. Bodenbrett auf Länge mit Gehrungswinkel 45° sägen und einfügen. Rückwand zuschneiden und verschrauben

2 – DIE HALME

Füllmaterialien wie Bambus, Reethalme etc. auf Länge (8–10 cm) bringen, gegebenenfalls mit passendem Holzbohrer nachbohren, Bohrloch ausklopfen und Bohrlöcher gegebenenfalls mit Rundfeile nachschleifen. Unbedingt beachten, dass sich keine Fasern und Fransen im Bohrloch befinden, die Wildbienen könnten sich daran verletzen.

3 – DAS STIRNHOLZ BOHREN

Trockene Stirnholzblöcke längs zur Faser 6–8 cm, so tief wie der Bohrer reicht, anbohren. Dabei Durchmesser zwischen 2–8 mm verwenden. Der Hauptanteil der Bohrlöcher sollte einen Durchmesser von 3–6 mm aufweisen, weil diese von den Wildbienen am besten angenommen werden. Unsaubere Bohrlöcher nachschleifen. Damit sich keine Risse bilden, die Bohrlöcher nicht zu eng und in der Holzfaser versetzt bohren. Unbedingt beachten: Nadelholz und Holzscheiben eignen sich für die Bohrungen nicht, da sie meist aufreißen.

4 – MIT NATURGIPS FIXIEREN

Naturgips anrühren, dünne Schicht auf der Rückwand verteilen und Füllmaterial (Brutröhren) einbringen. Der Gips verschließt die Röhren nach hinten und befestigt sie zugleich. Nach hinten offene Röhren werden meist nicht besiedelt.

5 – NISTHILFE AUFHÄNGEN

Die Nisthilfe pendelfrei an einem möglichst geschützten Platz nach Süden ausgerichtet in etwa einem Meter Höhe aufhängen, auf eine freie Anflugschneise achten.

Anleitung von Claus-Peter Nebendahl

Materialien

Werkzeug:
- *Akkuschrauber*
- *Bohrmaschine*
- *Holzbohrer 2/3/4/6/8/10 mm*
- *Fuchsschwanz*
- *Scharfe Schere*
- *Spachtel*
- *Hammer*
- *Zollstock*
- *Rundfeile*
- *Schleifpapier*

1 – FÜR DEN KORPUS

1 Holzbrett
(Lärche, Fichte etc.)
28 × 2 × 15 cm
als Dachbrett

1 Holzbrett
(Lärche, Fichte etc.)
30 × 2 × 15 cm
als Dachbrett

1 Holzbrett
(Lärche, Fichte etc.)
25,72 × 2 × 15 cm
als Bodenbrett

1 Sperrholzplatte
oder Ähnliches
32 × 32 × 0,5 cm
als Rückwand

9 Holzschrauben
4 × 45 mm
zum Bretterverschrauben

9 Holzschrauben
2 × 30 mm
zum Rückwandbefestigen

Naturgips
zum Füllmaterialfixieren
und Verschließen

Bilderhalter oder Lochband

2 – FÜR DIE FÜLLUNG

Div. Bambusstäbe
10 cm lang,
diverse Durchmesser
als Füllmaterial (Baumarkt)

Div. Reethalme
(aus Reetmatten)
10 cm lang,
diverse Durchmesser
als Füllmaterial (Baumarkt)

Div. Naturstrohhalme
10 cm lang,
diverse Durchmesser
als Füllmaterial
(Bastelbedarf)

Div. Pappröhrchen
10 cm lang,
diverse Durchmesser
als Füllmaterial
(Internet: Nisthilfenzubehör)

Hohle Pflanzenstängel
10 cm lang,
diverse Durchmesser
als Füllmaterial
(aus dem Garten)

Stirnholz
(Buche, Esche, Eiche)
als Füllmaterial mit
Bohrlöchern

Etwa 25 Prozent der über 500 Wildbienenarten nutzen Nisthilfen. Ganz wichtig: Das Nahrungsangebot rundherum, in Beet oder Pflanzkübel auf dem Balkon, mit Wiesenblumen, Beerensträuchern, Weiden und Obstbäumen muss stimmen.

Wenn es den Naturschutzrindern gut geht, sie genug zu fressen haben und entspannt wirken, ist Gerd Kämmer, Biologe und Chef der Bunde Wischen eG, glücklich. Die Genossenschaft ist Biolandbetrieb und Pächter im Stiftungsland Schäferhaus, nahe der dänischen Grenze.

SAFARI IM NORDEN

Unterwegs zu den vierbeinigen Naturschutzpflegern durch die gezähmte Wildnis des Nordens

Wenn man mit Gerd Kämmer unterwegs ist, fühlt man sich wie auf einer Safari. Mit dem Geländewagen geht es diesmal durch eine Landschaft, die der afrikanischen Savanne ähnelt. Der Blick wechselt zwischen dem sandigen Weg und den grünen Weiden hin und her. Gesucht werden aber weder Löwen noch Elefanten, sondern Galloway-Rinder. Im Norden Deutschlands, in der Nähe von Flensburg, züchtet der Biologe auf einem ehemaligen Bundeswehrübungsplatz das Robustrind, das einerseits für den Fleischkonsum der Menschen vorgesehen ist, andererseits dem Naturschutz dient.

Das Stiftungsland Schäferhaus war bundesweit das erste große Beweidungsgebiet dieser Art. Als die Bundeswehr den Übungsplatz aufgab, kam die Frage auf, was hier passieren sollte. Zunächst gab es andere wirtschaftliche Interessen. Ein Supermarkt oder Altenheim waren im Gespräch. Aber Naturschützer können sehr überzeugend wirken, und so wurde das Land an die Stiftung Naturschutz Schleswig-Holstein verkauft. Seit 1998 ist Bunde Wischen Pächter des Stiftungslandes und bewei-

»WENN WIR DIE MENSCHEN HINEINLASSEN, KÖNNEN WIR DEN NATURSCHUTZ AM BESTEN DIREKT KOMMUNIZIEREN.«

det hier extensiv. Nun leben hier 50 Galloway-Kühe mit ihren Kälbern sowie 12 Wildpferde auf 300 Hektar. Es ist ein Naturerlebnisraum für alle. Spaziergänger sind herzlich eingeladen. »Wenn wir die Menschen hineinlassen, können wir den Naturschutz am besten direkt kommunizieren«, meint Gerd Kämmer.

Der Betrieb »Bunde Wischen«, erst Verein, mittlerweile eingetragene Genossenschaft, nennt insgesamt rund 1000 Robustrinder, davon 900 Galloways und 100 Highland-Cattle und sieben White-Park-Cattle sein eigen. Sie leben auf Naturschutzflächen mit einer Größe von zusammengerechnet 1600 Hektar im Norden Schleswig-Holsteins. Der plattdeutsche Name steht für »bunte Wiesen«. Damit ging es ursprünglich los, als in den 1980er Jahren eine Orchideenwiese erhalten werden sollte. Ein Erfolgskonzept führte zum heutigen Biolandhof, der sich stets weiterentwickelt.

Natürliche Weiden, glückliche Rinder, schmackhaftes Biofleisch

Durch das typische Weideverhalten der verschiedenen Nutztiere hat sich das charakteristische Landschaftsbild einer halboffenen Weidelandschaft geformt: strukturreiches Gras, Kräuter und Büsche, je nach Bodenverhältnis von der Feuchtwiese bis zum Trockenrasen. Die ganzjährige Weidehaltung von den Robustrindern führt zu einem schmackhaften Biofleisch, das im eigenen Hofladen bei Schleswig direkt vermarktet wird. Jährlich wird das Fleisch von etwa 220 Tieren dort, sowie in Naturkostläden, ausgewählten Geschäften des Einzelhandels oder Partnern aus der gehobenen Gastronomie, z.B. im Rahmen des Naturgenussfestivals, verkauft.

Gerd Kämmer hatte von klein auf mit Rindern zu tun. Denn er verbrachte viel Zeit seiner Kindheit auf dem Bauernhof seines Onkels in der Nähe von Flensburg. »Daher kommt meine Liebe zu Nutztieren«, sagt er. Er hat seinem Onkel geholfen und dabei viel gelernt. Durch ein Biologie-Studium vertiefte er sein Wissen. Im Anschluss fiel ihm auf, dass große Weidegänger, die die Natur gestalten, im Landschaftsbild immer mehr fehlten. Früher gab es in Mitteleuropa Wildtiere wie den Auerochsen oder das Wildpferd. Gerd Kämmer gefiel die Idee, Robustrinder möglichst frei und ganzjährig weiden zu lassen. Und zu beobachten, ob und wie sie ihren Lebensraum selbst gestalten. Zunächst dachte er daran, Hausrinderrassen für dieses Experiment zu nutzen. Doch bei der Rotbunten fiel schnell auf, dass sie nicht für eine ganzjährige Beweidung geeignet ist, weil ihr Fell zu dünn für die Wintertemperaturen ist. So kam Gerd Kämmer auf Galloways aus Schottland. »Die ideale Rasse für unser Vorhaben«, meint er. Denn die Rinder sind robust und nasses Klima gewohnt. Sie brauchen keine Hochleistungsgräser als Nahrung, sondern kommen mit den ungedüngten Pflanzen auf dem Stiftungsland Schäferhaus, am Bültsee oder der Geltinger Birk, wo Kämmers Rinder leben, aus. Im Jahre 1998 konnte die Stiftung Naturschutz

Es ist wie ein Abenteuer: Gerd Kämmer fährt die weiten Strecken der Weideflächen auf dem Stiftungsland ab, um die Naturschutzrinder aufzuspüren. Aufgrund seiner Erfahrung ahnt er stets, wo sich die Tiere befinden. Außerdem ist er gut im Fährtenlesen.

Schleswig-Holstein dieses ehemalige Militärgelände für den Arten- und Biotopschutz sichern – und an den Pächter Bunde Wischen zum Teil übergeben.

Ein gutes Team: Galloway-Rinder und der Rothirsch

Am wohlsten fühlen sich die Rinder bei zehn Grad Celsius. Im Sommer sieht man sie kaum. Dann suchen sie Schutz vor der Sonne und halten sich im Schatten auf. Kontrollfahrten seien dann ein Suchspiel und höchstens früh morgens oder abends erfolgreich, wenn es kühler ist. Regen oder Schnee stört die Rinder nicht. Vor einiger Zeit gesellte sich ein Hirsch zu der Rinderherde. Das Medieninteresse war groß und ihm wurde eine Liebelei mit der blonden Galloway-Kuh Sarina angedichtet. Auch einen Namen bekam er: Sven. Offensichtlich findet er mitten unter den Rindern genau das, was seinen Bedürfnissen entspricht. »Dass sich der Hirsch hier wohl fühlt, zeigt doch, wie natürlich die Landschaft ist«, meint Gerd Kämmer. Das Wild wurde erst durch den Menschen scheu und nachtaktiv gemacht. Auf dieser natürlichen Fläche bleibt Sven auch am Tag auf offener Weide gelassen stehen, selbst wenn Menschen wie Gerd Kämmer oder Spaziergänger vorbeischauen. »Die Herde gibt ihm Ruhe.«

Weder Hirsch noch Rinder fühlen sich von Gerd Kämmers Anwesenheit gestört. Der Biologe schaut täglich, ob es der Herde gut geht und ob genügend zu fressen und zu trinken auf der Weide ist. Er erkennt den Ernährungszustand mit seinem geschulten Blick. »Ihnen geht es sehr gut.« Falls ein Tier abgemagert wirken sollte, gibt es viel-

»SOLCHE LANDSCHAFTEN MUSS ES FRÜHER SCHON GEGEBEN HABEN.«

leicht ein Parasitenproblem. Dem würde Gerd Kämmer auf den Grund gehen. »Das ist selten der Fall. Meistens kommen die Rinder auf natürliche Weise klar.« Dementsprechend kann auch der Medikamenteneinsatz klein gehalten werden. »Auf Antibiotika verzichten wir fast komplett.«

Auch wenn das Stiftungsland in erster Linie den Rindern und Pferden dient, siedeln sich hier viele andere Tiere an. Bei den Vögeln beobachtet Gerd Kämmer, dass seltene Arten auftauchen. Zum Beispiel Grünspecht, Kiebitz oder Neuntöter. »Sie brauchen so eine Landschaft«, meint der Biologe. Der Neuntöter etwa überwintert in der afrikanischen Savanne und kommt zum Brüten in den Norden. Er nistet mit Vorliebe im Weißdorn, weil dessen Dornen Feinde abwehren. Dass Zugvögel wie der Neuntöter gerne auf dem Gelände leben, deutet Gerd Kämmer als Beweis dafür, dass es solche Landschaften früher schon gegeben haben muss. »Europa war nicht nur ein einziger Wald.« Das Stiftungsland in seiner ursprünglichen Form und mit der Flora und Fauna müsse der Naturlandschaft sehr nahe kommen.

Artenvielfalt produzieren

Ein wesentlicher Aspekt, der der Artenvielfalt dient, ist der Kot von Rindern. Auf einem frischen Kuhfladen sammeln sich in kürzester Zeit Insekten an. Da den Rindern in der Regel kein Entwurmungsmittel verabreicht wird, können Insektenlarven in den Haufen sehr gut gedeihen. Kämmer hat ausgerechnet, dass dank der Kuhfladen auf dem Schäferhaus 14 Tonnen Insektenmasse pro Jahr entstehen. »Wenn Rinder, wie meistens, im Stall gehalten werden, fehlt draußen der Kot.« Außerdem sei die Nährstoffkonzentration im Boden um einen Kuhfladen herum besonders hoch. »Hier entwickelt sich eine ganz andere Flora.« Die Pflanzen können hier auch höher wachsen, weil die Rinder den Kuhfladen ausweichen. Das führt dazu, dass diese Stellen als Spenderflächen für Saatgut taugen. Pflanzen haben hier die Chance, zu wachsen. So entwickelt sich eine blütenreiche, bunte Blumenwiese. Sogar seltene, bedrohte Pflanzen siedeln sich auf dem Gelände an. Zum Beispiel die Heilpflanze Arnika. »Ich hoffe sehr, dass sie sich hier dauerhaft etabliert«, sagt Gerd Kämmer, und es wird deutlich, dass er langfristig plant. Dieser Mann hat eine Vision von dem, was er tut. Und er wünscht sich, dass sie wahrgenommen und die Arbeit wertgeschätzt wird. »Wir produzieren Artenvielfalt«, sagt er. Schön sei es, wenn die Mehrheit der Gesellschaft das irgendwann honoriert. So gesehen bezahlt man den Lebensraum für seltene Tiere und Pflanzen, wenn man teures Biofleisch kauft. »Wenn Tiere oder Pflanzen ausgestorben sind, kriegen wir sie nicht wieder! Die Rote Liste gefährdeter Arten führt Pflanzen und Tiere, die wir als Kinder noch selbstverständlich gefunden haben. Wie z. B. die Sumpfdotterblume«, meint Gerd Kämmer.

Das Schwierigste an seiner Arbeit sei allerdings die Erfüllung der Behördenvorgaben. Zum Beispiel müssen die Kälber nach ihrer Geburt innerhalb einer Woche eine Ohrmarke erhalten. Gerd Kämmer legt sie dafür mit einem Blasrohr und Beruhigungsmittel schlafen.

Bei der Gelegenheit überprüft er auch das Geschlecht des Nachwuchses. Aber bei 50 Kälbern pro Jahr auf den weiten Weiden dauert das Markieren sehr lang. Hinzukommt, dass Gerd Kämmer Kontrollbehörden begleiten muss. Das sei zeitaufwendig. Aber auch das steckt er weg: »Wenn Widerstände groß werden, denke ich immer: Jetzt erst recht!«

Die Arbeit ist für Gerd Kämmer eine Berufung. »Meistens habe ich 80 Stunden pro Woche zu tun«, sagt er, »aber durch den Aufenthalt in der Natur werde ich entschädigt.« Jeder Kontrollgang sei eine wunderbare Exkursion. Als würde das noch nicht ausreichen, ist Gerd Kämmer nicht nur auf den eigenen Flächen viel unterwegs. Er besucht oft andere Betriebe und ist dort als Experte beratend tätig.

Die Glücksmomente bei den Geburten der Kälber geben Gerd Kämmer immer wieder einen Grund, weiter zu machen. Sie klappen übrigens ohne großes Einwirken vom Menschen. Die Bullen sind ab Juli für drei Monate auf dem Gelände, um die Kühe zu decken. Ansonsten werden sie auf anderen Freiflächen gehalten. Die Kälber kommen hauptsächlich im April und Mai zur Welt. »Wir gucken nur, dass alles gut geht«, sagt Gerd Kämmer. Problemfälle gibt es selten. Gerd Kämmer und sein Team greifen generell kaum ein. Bei Huf- und Klauenproblemen würden sie sich zwar um das Vieh kümmern, das Meiste regelt sich aber auf natürliche Weise, dadurch, dass die Rinder viel umherwandern.

Die Milch der Kühe wird nicht vermarktet. Sie steht komplett den Kälbern zu. Ein Genuss für die Nachwuchsrinder! Den gibt es in den meisten Intensivtierhaltungen nicht. »Dort fließt die gesamte Milch zu den Menschen, die Kälber bekommen nur ein Ersatzprodukt.«

Neben den Rindern und dem Hirsch grasen auch Wildpferde, die Koniks, in der weiten Weidelandschaft. Die Koniks, eine robuste Ponyrasse, haben zwar kaum eine wirtschaftliche Bedeutung, zumal sie nicht der Fleischproduktion dienen, aber Gerd Kämmer weist darauf hin, dass jede Art unterschiedlich frisst und somit anders auf die Pflanzen einwirkt. Das Landschaftsbild des Stiftungslandes wird also maßgeblich von Rindern und Pferden geprägt.

Zurück zu den Rindern: Wer Vieh züchtet und ihr Fleisch zum Kauf anbietet, kommt um das Töten der Tiere nicht herum. Ein Thema, das in unserer heutigen Gesellschaft bei vielen möglichst nicht auf den Tisch kommen soll. Gerd Kämmer hat ein spezielles Verfahren entwickelt, das auf dem Tod durch einen gezielten Kugelschuss basiert. Dafür werden die Rinder auf eine Weide bei Schleswig gebracht, wo sie unter kontrollierten Bedingungen in Freiheit getötet werden.

»Alles andere bedeutet Stress für das Tier«, meint Gerd Kämmer. Er habe lange nach Alternativen zum Bolzenschuss oder dem Entblutestich – auf dem Schlachtbetrieb – gesucht. Mit der Universität Kassel führte er eine fünfjährige Studie durch. Außerdem gab es Blutuntersuchungen und Fleischverkostungen, um das beste Ergebnis zu erreichen. Im Jahr 2010 gab es den ersten Abschuss, mittlerweile hat Gerd Kämmer das Verfahren etabliert. Aufgrund seiner Erkenntnisse ist er ein gefragter Mann. »Es vergeht keine Woche, in der nicht jemand bei mir anruft und sich über das Kugelschuss-Verfahren informieren möchte«.

»Wir sind mit dem Thema auch öffentlich transparent umgegangen«, sagt Gerd Kämmer. Die Konsumenten müssten sich fragen, wie unsere Gesellschaft mit dem Thema Schlachtung umgehen soll. Es war zu erwarten, dass sich einige Menschen kritisch äußerten. Aber nach einem Fernsehbeitrag, in dem Gerd Kämmer als »Wildhüter vom Schäferhaus« dargestellt wurde, überwog der Zuspruch. Nach dem Sendetermin hätten die Zuschauer den Hofladen für den Rest der Woche gestürmt, erinnert sich Gerd Kämmer.

Hofladen Königswill

Links: Der Bio-Hofladen auf dem Bunde Wischen eG Hof Königswill bei Schleswig.
Oben: Highland-Rinder sind ebenso wie die Galloways Robustrinder und hervorragend für die extensive Beweidung geeignet.

»Selbst Vegetarier, die 20 Jahre lang kein Fleisch gegessen haben, hatten wieder Lust auf Rind, nachdem sie gesehen hatten, wie wir das hier machen.«

Gerd Kämmer steht zu dem, was er macht. Kritikern begegnet er mit der Frage: »Was ist denn bitte ein natürlicher Tod?« Seiner Meinung nach gebe es den nicht. Auch nicht in der Natur. »Sobald ein Tier alt wird oder es ihm aufgrund einer Krankheit schlecht geht, kommt in der freien Wildbahn ein natürlicher Feind und tötet es.« Das sei der Lauf der Dinge. Und »Einschläfern« sei seiner Meinung nach auch nur der verniedlichende Ausdruck für die Giftspritze.

Wenn sich Gerd Kämmer etwas wünschen dürfte, dann, dass sich das allgemeine System verändert und jeder Landwirt nachhaltig arbeitet und auf Massentierhaltung verzichtet. Dafür müsste der Verwaltungsprozess so angepasst werden, dass Naturschutz betriebswirtschaftlich umgesetzt werden kann. Die Naturschutzrinder sind aber auch klimafreundlich. Die Bundesregierung hat festgestellt, dass die Landwirtschaft acht Prozent der gesamten deutschen Treibhausgasemissionen verursacht. Davon ist mehr als die Hälfte direkt auf die Tierhaltung zurückzuführen. Weniger Tiere verursachen natürlich auch weniger Emissionen. Eine Förderung der Weidehaltung wie auf dem Stiftungsland Schäferhaus würde sich vermutlich positiv auf die Emissionen auswirken. Konsumenten, die sich für Biofleisch entscheiden, können auch auf diese Weise ein Stück Wildnis retten und einen Beitrag zum Klimaschutz leisten.

Ein weißes Galloway-Rind. Die hornlosen Robustrinder haben ein doppelschichtiges Fell mit langem, gewellten Deckhaar und feinem, dichten Unterhaar. Als Naturschutzpfleger sind sie das ganze Jahr über draußen.

Das Gewissen isst mit

Das Fleisch wird im eigenen Hofladen angeboten. In jeder erdenklichen Form: Braten, Gulasch, Rouladen oder Tafelspitz. Außerdem gibt es eine große Auswahl an regionalen, frischen und biozertifizierten Produkten. Die Nachfrage ist groß. »Es gibt immer wieder mal Engpässe«, sagt Gerd Kämmer. Zum Beispiel, wenn viel gegrillt wird oder in der Bratenzeit im Herbst. Mit der Möglichkeit, Fleisch vorzubestellen, können die Kundenwünsche gut erfüllt werden. »Vielen Menschen ist mittlerweile wichtig, zu wissen, wo das Fleisch herkommt, das sie essen und wie mit den Tieren umgegangen wurde«, meint er.

Das ist schon fast die Antwort darauf, was nun jeder einzelne von uns beitragen kann, um der Wildnis etwas Gutes zu tun. Kleine Veränderungen können etwas bewirken. Jeder kann über seinen Fleischkonsum nachdenken – in der Folge wird eine nachhaltige Landwirtschaft mit artgerechter Haltung gefördert. In Deutschland werden laut Statistischem Bundesamt jährlich pro Kopf durchschnittlich rund 60 Kilogramm Fleisch und Fleischwaren aller Art verzehrt. Etwa zehn Kilogramm davon sind Rind- und Kalbfleisch. Bei der großen Mehrheit der Bevölkerung steht Fleisch fast täglich auf dem Speiseplan. Zu Biofleisch greifen die Konsumenten selten, auch wenn Angebot und Nachfrage steigen: Die Verkaufszahlen bleiben auf einem niedrigen Niveau. Grund dafür dürfte meistens der etwas höhere Preis sein.

»Zunächst sollte man kritisch auf Produkte gucken, um herauszufinden, wo sie herkommen und wie die Bedingungen für die Tiere waren«, schlägt Gerd Kämmer vor. Die Heinrich Böll-Stiftung hat 2018 herausgefunden, dass zwei Dritteln der Verbraucher der Zusammenhang zwischen dem Fleischkonsum und dem Klimaschutz nicht bewusst ist.

Wir sollten uns daran erinnern, dass Fleisch früher einmal Luxus war. Nicht jeden Tag kam es auf den Teller. Gerd Kämmer erzählt von Menschen, die sagten, diese »puscheligen Tiere« nicht essen zu können, weil sie so niedlich seien. Ist es also leichter, Lebewesen zu verspeisen, wenn man nicht gesehen hat, wie sie leben? Gerd Kämmer meint, dass man die Naturschutzrinder ja gerade deswegen guten Gewissens essen könne, weil man wisse, dass es ihnen gut ging.

Wer also gut und verantwortungsvoll Fleisch essen möchte, sollte sich vergewissern, ob das Tier artgerecht gehalten wurde, das ganze Leben gutes Futter erhalten hat, respektvoll geschlachtet und von einem vertrauenswürdigen Metzger abgehangen und verkauft wurde. Dies alles ist bei den Naturschutzrindern des Pächters der Stiftung Naturschutz Schleswig-Holstein per Vertrag geregelt. Wer das Besondere sucht, besucht eine der Veranstaltungen des Naturgenussfestivals, ein Projekt der Stiftung Naturschutz (www.naturgenussfestival.de). Dort sind nur ausgewählte Spitzenrestaurants, die regionale Menüs zum fairen Preis anbieten, bei dem das Naturschutzrind die Hauptrolle spielt.

Der besondere NATURGENUSS

Die Galloway-Rinder von Gerd Kämmer und seinen Kollegen besitzen qualitativ sehr hochwertiges Fleisch. Für viele noch Insider-Tipp, sind die Galloways in der Gourmet-Küche schon angekommen.

Volker M. Fuhrwerk ist seit 2013 Küchenchef in der »Ole Liese« auf Gut Panker in Ostholstein. Den 1981 in der Lutherstadt Wittenberg geborenen Küchenchef zog es aufgrund seiner Verbundenheit zur Natur und seiner Liebe zu regionalen Produkten aufs Land. Hier erkochte er sich nach anderthalb Jahren mit Obst und Gemüse aus dem hauseigenen Garten und Fisch und Fleisch aus Schleswig-Holstein seinen ersten Michelin-Stern im Restaurant »1797«. Die »Ole Liese« ist Partner des Naturgenussfestivals Schleswig-Holstein, ein Projekt der Stiftung Naturschutz Schleswig-Holstein.

Volker M. Fuhrwerk im hauseigenen Garten. Hier erntet er je nach Jahreszeit Gemüse, Kräuter und Obst für seine Gerichte.

RÜCKEN UND SCHULTER VOM GALLOWAY-RIND

mit spätsommerlichem Gartengemüse und Kürbispüree

Zutaten für 4 Personen

Geschmortes Schaufelstück aus der Schulter:

500 g Schaufelstück vom Galloway-Rind – 4 Karotten, ½ Knollensellerie, ½ Staudensellerie, 3 Zwiebeln, alles walnussgroß gewürfelt – 150 g Champignons, halbiert – 250 g geschälte Tomaten – 300 ml Rotwein – 150 ml roten Portwein – 150 ml Madeira – 2 Zweige Thymian und Rosmarin – 1 TL weißer Pfeffer, 1 TL Wacholder, 1 TL Piment, 1 TL Senfkörner, 1 TL Koriander, 5 Lorbeerblätter, 10 Nelken, alles in einer Pfanne leicht angeröstet – Salz und Pfeffer, Rapsöl zum Braten – 8 g Speisestärke

Etwas Rapsöl in einer Pfanne bei höchster Stufe erhitzen. Fleisch würzen und goldbraun anbraten. In einen Bräter geben. Gemüse nach und nach anbraten, dazugeben. Die geschälten Tomaten in die Pfanne geben, und karamellisieren lassen. Mit dem Portwein, Rotwein und Madeira ablöschen, etwas reduzieren lassen. Die Flüssigkeit in den Bräter geben, mit 1,5 l Wasser auffüllen. Deckel aufsetzen, bei 150°C ca. 135 Minuten garen. Das Fleisch kalt stellen, den entstandenen Fond durch ein feines Tuch passieren. Diesen Fond reduzieren, mit der in kaltem Wasser aufgelösten Stärke binden. Das Fleisch portionieren, in der Soße warm legen.

Stück vom Roastbeef:

360 g Roastbeef vom Galloway-Rind – etwas Öl und 50 g Butter zum Braten und Arosieren
1 Zweig Thymian, Rosmarin und 1 Zehe Knoblauch – Salz und Pfeffer

Das Roastbeef halbieren. Die beiden Stücke mit Salz und Pfeffer würzen, in einer heißen Pfanne in dem Öl von allen Seiten goldbraun anbraten. Vom Herd nehmen, die Butter in die Pfanne geben, ebenso die Kräuter und den Knoblauch. Das Fleisch darin kurz arosieren (wenden und begießen). Auf einem Gitter im Ofen bei 120°C ca. 15 Minuten rosa garen. Das Fleisch an einem warmen Ort ca. 10 Minuten ruhen lassen. Dann in 4 Stücke aufschneiden.

Kürbispüree:

1 kleiner Hokkaidokürbis – 1 kleiner Spaghettikürbis – 50 g geschälter und fein geschnittener Ingwer
80 g Butter – etwas Curry, Salz und Pfeffer

Den Spaghettikürbis bei 170°C ca. 45 Minuten im Ofen backen (bis er weich gegart ist). Während dessen den Hokkaidokürbis halbieren, vom Kerngehäuse befreien. Nun aus dem Hokkaido für das Gartengemüse 8 große Würfel, 8 mittlere Würfel und 8 kleine Würfel schneiden. Den Rest des Kürbisses mit Schale in grobe Würfel schneiden. Ingwer in der Butter anschwitzen, etwas Curry zugeben und den Hokkaidokürbis zugeben. Mit Salz, Pfeffer und Zucker würzen. Zugedeckt bei kleiner Hitze dünsten. Spaghettikürbis aus dem Ofen nehmen, schälen und Kerngehäuse entfernen. Den Hokkaidokürbis mit dem Spaghettikürbis vermischen, kurz kochen, bis kaum noch Flüssigkeit vorhanden ist. Alles zusammen im Mixer fein mixen, abschmecken.

Zucchini, Karotte, Kürbis und Petersilienwurzel:

Würfel vom Hokkaidokürbis (siehe oben) – 8 kleine Karotten – 8 kleine Petersilienwurzeln
1 kleine gelbe Zucchini – 1 kleine grüne Zucchini – 50 g Butter – Salz und Zucker

Die Karotten gut waschen und mit einem kleinen Messer die Schale vorsichtig abschaben. Mit den kleinen Petersilienwurzeln genauso verfahren. Aus den Zucchini mit einem Kugelausstecher jeweils 8 Kugeln ausstechen. Die Butter in einem Topf schmelzen. Nun die Karotten, Petersilienwurzeln und den Kürbis hineingeben. Leicht würzen und dann mit geschlossenem Deckel gar dünsten. Am Ende die Zucchinikugeln zugeben und mitdünsten. Eventuell nach und nach einen kleinen Schluck Mineralwasser zugeben. Wenn alle Gemüse gegart sind, nochmals abschmecken.

Anrichten: Das Kürbispüree länglich in der Mitte des Tellers anrichten. Rücken und Schulter vom Galloway-Rind darauf legen. Gemüse, Kräuter und Blüten ringsherum anlegen.

MEHR WILDNIS WAGEN!

Ein Ausblick

Liebe LeserInnen, es kann einem Angst und Bange werden angesichts der Entwicklungen auf dieser Erde. Wir tun uns sehr schwer, den Klimawandel zu stoppen, und es gelingt uns bisher nicht, das massenhafte Artensterben zu beenden. Wir wollen die Hoffnung aber nicht aufgeben und betrachten es als eine der größten Herausforderungen unserer Zeit, die biologische Vielfalt zu retten.

Die Vision der Stiftung Naturschutz Schleswig-Holstein ist es, eines Tages allen wild lebenden Tier- und Pflanzenarten im Norden Deutschlands eine sichere Überlebensperspektive zu bieten. Das Problem: Die naturnahen Gebiete in unserer intensiv durch Landwirtschaft, Siedlungen und Verkehr genutzten Landschaft sind zu klein und zu isoliert. Die Folge ist, dass diese schützenswerten Flächen immer artenärmer werden. Damit die Artenvielfalt erhalten bleibt, bauen wir eine grüne Infrastruktur auf. Das machen wir vor allem, indem wir »Natur kaufen« und die Flächen ökologisch aufwerten. Nur ein Netzwerk von ökologisch hochwertigen Flächen kann der wilden Lebewelt dauerhaft helfen. Wir siedeln stark gefährdete Pflanzenarten wie Küchenschelle, Teufelsabbiss, Arnika und Tiere wie Goldener Scheckenfalter, Rotbauchunke, Kampfläufer, Haselmaus und viele andere wieder an. Wir stellen den Archepark Eggebek, der mit Fördermitteln aus dem Bundesumweltministerium das Laufen gelernt hat, als Blütenmeer GmbH auf eigene Füße. Wir planen neue Projekte, um noch mehr Ideen und Impulse für die Förderung von Wildnis und biologischer Vielfalt zu bekommen. Wir renaturieren Moore, schaffen neue Auwälder und pflegen Orchideenwiesen.

Wir bauen unser Naturgenussfestival aus, um unsere Ideen unter die Leute zu bringen und den Kontakt zu naturinteressierten Menschen, Landwirten, Gastronomen und Veranstaltern zu vertiefen. Dazu intensivieren wir die Kooperationen mit regionalen Lebensmittelproduzenten und Restaurants. In Zukunft werden wir noch mehr Angebote entwickeln, um Menschen in den Genuss von Natur kommen zu lassen. Unter anderem bauen wir den »Freundeskreis der Stiftung Naturschutz Schleswig-Holstein e.V.« auf. Wir vernetzen uns weiter mit kreativen Akteuren im Land wie z.B. dem Greenscreen-Festival und in Zukunft auch mit dem Wacken Open Air Festival.

Wir suchen mehr Stifter, also Menschen, die nachhaltig etwas für Land und Leute tun wollen. Wir werben für die Natur und hoffen auf mehr Akzeptanz für die Belange der Wildnis. Kurz: Wir wollen ein Netz schaffen, mit vielen aktiven Knotenpunkten, damit Wildnisretter noch aktiver werden können. Und das im ganzen Land.

Wildnisretter – Wie geht das? Vielleicht haben Sie Lust bekommen, in Ihrem privaten Bereich etwas für die Natur zu tun. Geben Sie den Pflanzen und Tieren Lebensraum zurück, legen Sie wilde Ecken in Ihrem Garten an, richten sie Insektenhotels ein oder setzen Sie andere praktische Tipps aus diesem Buch um. Das Schöne am Mitmachen ist, dass Sie sich damit auch selbst Lebensraum zurückgeben und an der Wildnisrettung ein Stück aktiven Anteil haben.

Die Natur dankt!

Die Autoren

Kirsten Böttcher, Jahrgang 1960, studierte in Hamburg Biologie und promovierte 1990 mit einer Arbeit aus dem Bereich der marinen Tierphysiologie. Nach einer Ausbildung zur Fachzeitschriftenredakteurin schreibt sie als freie Journalistin in regionalen wie überregionalen Zeitungen und Journalen.

Sven Bohde, geboren 1982, arbeitet als freischaffender Autor in Kiel. Zudem ist er Kulturjournalist, Filmemacher und Moderator von Kinovorführungen. Er studierte Kunstgeschichte, Geographie sowie Neuere Deutsche Literatur und Medienwissenschaft in Kiel.

Silvia Janzen, Jahrgang 1965, studierte Betriebwirtschaftlerin, ist Strategieberaterin für Unternehmen und Organisationen, weiterhin Dozentin für Marketing. Ihr Ziel ist es, gute Projekte strategisch sinnvoll zu entwickeln. Ihre Leidenschaft ist es, Umwelt-Themen zu entdecken und zu vermitteln.

Monika Rößiger ist gern in der Natur unterwegs. Nach dem Biologie-Studium reiste sie als Reporterin umher, berichtete z. B. über die Korallenbleiche im Indischen Ozean, Orang-Utans auf Borneo und Sumatra. Als Journalistin schreibt sie über Forschung, Technik sowie Sachbücher über das Meer, Wälder, Wildtiere oder Medizin.

Texte

Knicks & Co, Zauberhaft!, Budenzauber: geschrieben von Kirsten Böttcher.
Froschkönig, Blütenmeer, Safari im Norden: geschrieben von Sven Bohde.
Im Paradies, Blick über den Deich: geschrieben von Silvia Janzen.
Die bunten Wilden, Die Natur versorgt uns, Let it bee!: geschrieben von Monika Rößiger.

Bildnachweise

Holger Stöhrmann nahm für dieses Buch 128 Farbfotos auf.
Titelbild: Holger Stöhrmann, Quarnbek

Weitere Farbfotos von
Dominik Butzmann: 9; Lennart Bendixen: 27, 35; Matthias Friedemann: 17, 58, 175; Björn Schulz: 54; Björn Rickert: 140/141; Thorsten Stegmann: 60; Malte Büttner: 53, 84; Jennifer Timrott: 120, 121, 126, 128, 129; Photo by Dan Gold on Unsplash: 45; Bunde Wischen eG, Gerd Kämmer: 169; Stiftung Naturschutz Schleswig-Holstein: 13 o., 62, 88, 93 u., 153

Mit 22 Illustrationen von Shutterstock
Cat_arch_angel: 11, 12, 20, 22, 24, 27, 30, 36 o., 39, 85, 88, 92, 133, 134, 138, 142, 147, 166; Bassarida: 99, 102, 108, 114 o., 115, 117, 149, 150, 151, 154–158; EngineerGoesCreative: 36 u., 96, 114 li., 116, 146, 163, U4; Olli_may: 40, 55, 66 u.; alexokokok: 58, 65 li., 66 o.; cuttlefish84: 53, 65 re.; fire_fly: 48, 51 mi.; Lyubov Zaytseva: 54, 64; Arkadivna: 119, 131; Kotkoa: 18, U4; dimair: 45; IgorijArt: 49; Irina Vaneeva: 51 li.; mahmuttibet: 51 re.; LAATA9: 63; Ann Kolesnikova: 69; Olga Tropinina: 70; nikiteev_konstantin: 71; Hein Nouvens: 74; Larisska_c: 76 li.; M_Morozova: 76 re.; Egorova Olesya: 120

Konzept/Projektleitung: Silvia Janzen